VUOI PREPARARE LE MIGLIORI RICETTE DI CUCINA PER I TUOI BAMBINI ?

LIBRO IN ITALIANO

Delicious Step-by-Step Recipes - Food For Kids
(Italian Language Edition)

All Rights Reserved

1 Sommario

1 **SOMMARIO** ....

2 **MANUALE D'USO DEL ROBOTTINO BYMBI**..

2.1 CONSIGLI UTILI PER IL FUNZIONAMENTO A FREDDO...............................
- 2.1.1.1 Bilancia ....
- 2.1.1.2 Velocità ....
- 2.1.1.3 Consigli d'uso ....
- 2.1.1.4 Contenuto di 1 misurino ....
- 2.1.2 BIMBY TRITA ....
- 2.1.3 PREZZEMOLO - BASILICO AROMI VARI ....
- 2.1.4 CAROTE CIPOLLE SEDANO ....
- 2.1.5 VERDURE MISTE ....
- 2.1.6 PER COMINCIARE ....
- 2.1.6.1 Trito per gratin ....
- 2.1.6.2 Carne cruda/cotta..
- 2.1.6.3 Prosciutto - Mortadella - Salumi vari ....
- 2.1.6.4 Ghiaccio ....
- 2.1.6.5 Grattugia, macina e polverizza ....
- 2.1.6.6 Pane secco e raffermo ....
- 2.1.6.7 Parmigiano ....
- 2.1.6.8 Caffè ....
- 2.1.6.9 Mandorle - Noci - Frutta secca ....
- 2.1.6.10 Cioccolato ....
- 2.1.6.11 Zucchero ....
- 2.1.6.12 Riso ....
- 2.1.6.13 Legumi e cereali ....
- 2.1.7 BIMBY FRULLA OMOGENEIZZA ....
- 2.1.7.1 Bibite integrali ....
- 2.1.7.2 Bibite filtrate ....
- 2.1.7.3 Frullati ....
- 2.1.8 BIMBY EMULSIONA ....
- 2.1.8.1 Frappé ....
- 2.1.8.2 Maionese ....
- 2.1.8.3 Crèpes ....
- 2.1.9 BIMBY MONTA ....
- 2.1.9.1 Albumi a neve ....
- 2.1.9.2 Panna montata ....
- 2.1.9.3 Burro ....
- 2.1.10 BIMBY MANTECA ....
- 2.1.10.1 Sorbetto di limone ....
- 2.1.10.2 Sorbettone di frutta mista ....
- 2.1.10.3 Gelato di fragole ....
- 2.1.11 IMPASTI BASE PER PANE PIZZA FOCACCE ....
- 2.1.11.1 Pasta per pane o pizza ....
- 2.1.11.2 Pasta per pizza gigante ....
- 2.1.12 IMPASTI BASE PER TAGLLATELLE RAVIOLI ....
- 2.1.12.1 Pasta all'uovo ....

2.1.12.2   Pastina per brodo..
2.1.13   IMPASTI PER TORTE ....
2.1.13.1   Impasti base per crostate - quiche - vol-au-vent..
2.1.13.2   Pasta brisé...
2.1.13.3   Pasta Frolla...
2.1.13.4   Pasta sfoglia..
2.1.13.5   Pan di spagna..
2.1.14   BIMBY CUOCE..
2.1.14.1   Nel Boccale...
2.1.14.2   Nel Boccale Con Farfalla ....
2.1.14.3   Nel Boccale Con Cestello ....
2.1.14.4   Nel Varoma ....
2.2   **CONSIGLI UTILI PER IL FUNZIONAMENTO A CALDO**..
2.2.1   TEMPERATURE ....
2.2.2   VELOCITÀ...

3   RICETTE PER BAMBINI..

3.1   PER OGNI ETÀ...
3.1.1.1   Prima Pappa...
3.1.1.2   Crema Di Verdure ....
3.1.1.3   Pappa Di Verdure ....
3.1.1.4   Pappa Di Lattuga...
3.1.1.5   Pappa Con I Fagiolini..
3.1.1.6   Passata Di Pollo...
3.1.1.7   Pappa Con Manzo ....
3.1.1.8   Crema Di Prosciutto ....
3.1.1.9   Passata Di Verdure ....
3.1.1.10   Semolino E Pollo...
3.1.1.11   Pappa Con Carote E Sedano ....
3.1.1.12   Mela Banana Passata...
3.1.1.13   Dessert Di Pera E Mela ....
3.1.1.14   Dessert Di Banana...
3.1.1.15   Dessert Mela..
3.1.1.16   Mela Grattuggiata Bimby..
3.1.1.17   Mele Pere Al Bimby..
3.1.1.18   Pera E Banana Con Il Bimby ....
3.1.1.19   Banana Al Limone ....
3.1.2   A 8 MESI..
3.1.2.1   Brodo Vegetale..
3.1.2.2   Brodo Di Carne ....
3.1.2.3   Minestra Con Platessa ....
3.1.2.4   Pappa Di Sogliola ....
3.1.2.5   Pappa Di Nasello ....
3.1.2.6   Pappa Coi Finocchi ....
3.1.2.7   Pappa Di Spinaci...
3.1.2.8   Crema Di Riso Al Pomodoro ....
3.1.2.9   Nasello Con Patate ....
3.1.2.10   Semolino Di Grano In Brodo ....
3.1.2.11   Semolino Di Riso In Brodo ....
3.1.2.12   Pappa Di Maizena ....
3.1.2.13   Semolino Con L'uovo..

- 3.1.2.14 Semolino Di Riso
- 3.1.2.15 Pancotto
- 3.1.2.16 Carote Al Latte
- 3.1.2.17 Composta Golosa
- 3.1.2.18 Banana All'arancia
- 3.1.2.19 Composta Di Yogurt
- 3.1.2.20 Frullato Di Yogurt
- 3.1.2.21 Yogurt Con Albicocche
- 3.1.2.22 Merenda Alla Frutta
- 3.1.2.23 Yogurt Alla Carota
- 3.1.3 A 10 MESI
- 3.1.3.1 Pastina Al Latte
- 3.1.3.2 Pappa Di Tacchino
- 3.1.3.3 Passata Di Zucchine
- 3.1.3.4 Pasticcio Di Spinaci
- 3.1.3.5 Vellutata Di Zucca
- 3.1.3.6 Vellutata Di Fagiolini
- 3.1.3.7 Frullato Con Corn Flakes
- 3.1.3.8 Composta Di Corn Flakes
- 3.1.3.9 Yogurt Con Ananas
- 3.1.3.10 Spremuta Di Pompelmo
- 3.1.4 IL SUO PRIMO COMPLEANNO
- 3.1.4.1 Pan Di Spagna
- 3.1.4.2 Pan Di Spagna Senza Glutine
- 3.1.5 FARCITURE
- 3.1.5.1 Crema
- 3.1.5.2 Panna Montata
- 3.1.6 DECORAZIONI
- 3.1.6.1 Ghiaccia
- 3.1.6.2 Crema Di Burro
- 3.1.7 A 12 MESI
- 3.1.7.1 Pappa Dolce
- 3.1.7.2 Nasello Al Vapore
- 3.1.7.3 Patate Al Vapore
- 3.1.7.4 Carote Al Vapore
- 3.1.7.5 Vellutata Di Pomodori
- 3.1.7.6 Souffle Di Gruviera
- 3.1.7.7 Souffle Di Carote
- 3.1.7.8 Pasticcio Di Carne
- 3.1.7.9 Pasticcio Di Patate
- 3.1.7.10 Pesce Gratinato
- 3.1.7.11 Sogliola Al Pomodoro
- 3.1.7.12 Tortino Di Verdure
- 3.1.7.13 Sugo Al Prosciutto
- 3.1.7.14 Hamburger Al Formaggio
- 3.1.7.15 Prosciutto Con Spinaci
- 3.1.7.16 Riso Al Vapore
- 3.1.7.17 Minestra Di Verdure
- 3.1.7.18 Pomodoro Profumato
- 3.1.7.19 Sugo Di Pomodoro
- 3.1.7.20 La Prima Colazione
- 3.1.7.21 Frullato Con Biscotti
- 3.1.7.22 Frullato Di Banana
- 3.1.7.23 Frullato Di Lamponi
- 3.1.7.24 Banana Alla Vaniglia

- 3.1.7.25 Bibita All'arancia
- 3.1.7.26 Porridge Inglese
- 3.1.7.27 Prima Colazione Inglese
- 3.1.7.28 Frullato Con Fiocchi Di Riso
- 3.1.7.29 Succo Di Frutta
- 5.1.8 A 24 MESI
- 5.1.8.1 Pastine Fresca Per Brodo
- 5.1.8.2 Vellutata Di Piselli
- 5.1.8.3 Sedano Al Forno:
- 5.1.8.4 Tortino Di Spinaci
- 5.1.8.5 Carciofi Ripieni Al Forno
- 5.1.8.6 Minestra A Crudo
- 5.1.8.7 Ragù
- 5.1.8.8 Torta Alle Fragole
- 5.1.8.9 Merenda Alle Fragole
- 5.1.8.10 Torta Di Biscotti
- 5.1.8.11 Crema Inglese
- 5.1.8.12 Torta Di Mele
- 5.1.8.13 Marmellata Di Mele
- 5.1.8.14 Latte Giallo
- 5.1.8.15 Bevanda Al Cioccolato
- 5.1.8.16 Gelato Di Ananas
- 5.1.8.17 Torta Di Albumi
- 5.1.8.18 Sorbettone Di Frutta Mista
- 5.1.8.19 Ciambelline
- 5.1.8.20 Torta Margherita
- 5.1.8.21 Bibita Integrale
- 5.1.8.22 Biscotti Di Pasta Frolla
- **5.2 LE PIÙ COMUNI INTOLLERANZE**
- 5.2.1 INTOLLERANZA AL GLUTINE
- 5.2.1.1 Farina Di Riso Precotta Bimby
- 5.2.1.2 Pastina Per Brodo
- 5.2.1.3 Impasto Per Pane
- 5.2.1.4 Impasto Per La Pasta Fresca
- 5.2.1.5 Torta Di Mele
- 5.2.1.6 Camille Bimby
- 5.2.1.7 Mousse Di Mele Verdi
- 5.2.1.8 Gelatina Di Frutta

2 Manuale d'uso del robottino Bymbi.

2.1 Consigli utili per il funzionamento a Freddo

L'unica manopola da utilizzare per il funzionamento a freddo, è quella delle velocità. Simultaneamente sul **timer** compariranno i secondi che scorreranno in automatico non appena avrai selezionato la velocità desiderata. Un **dispositivo di sicurezza**, non ti permette di aprire il coperchio se la velocità non sarà posizionata sullo 0.

2.1.1.1 Bilancia

Per utilizzare la bilancia, il boccale deve essere **perfettamente** inserito nella sua sede e la manopola della velocità deve essere posizionata sullo 0.
Prima di pesare, premi il tasto bilancia: sul display compariranno tre 0. Da questo momento potrai pesare gli ingredienti in successione, fino ad un massimo di **2,5 Kg**. Ti consigliamo, per le piccole quantità, di inserire gli ingredienti molto lentamente per dare tempo ai sensori di attivarsi; così facendo otterrai esattamente il peso indicato dalla ricetta.

2.1.1.2 Velocità

Le velocità 1-2, servono esclusivamente per mescolare. Il
secondo cucchiaino (**velocità 2-3**), serve per montare.
Per tritare, macinare, grattugiare, ecc., si utilizzano le **velocità da 4 a turbo** e variano in funzione del tipo di alimento e del risultato che vuoi ottenere.
Quando la quantità degli ingredienti è poca, ti consigliamo di utilizzare **velocità non superiori a 8** e di far cadere gli ingredienti dal foro del coperchio sulle lame in movimento, perché la grande potenza che si sviluppa con le alte velocità, può far disperdere gli ingredienti sulle pareti del boccale e sul coperchio.
Utilizza direttamente il tasto turbo solo se nel boccale ci sono ingredienti solidi. Se vuoi sminuzzare o omogeneizzare alimenti solidi con liquidi, la velocità va portata lentamente da 1 a 9 e poi a turbo e il contenuto del boccale non deve essere superiore al litro.
Con la **velocità impasto** contrassegnata da una spiga, posizionata a destra della velocità 0, puoi ottenere impasti eccezionali.
La velocità "spiga" ti consentirà di impastare fino a 700 gr. di farina. Il suo funzionamento a intermittenza, riproduce l'impasto manuale ed evita il surriscaldamento del motore.

2.1.1.3 Consigli d'uso

Non forzare mai la leva di chiusura. Se l'apparecchio non si apre verifica che la manopola delle velocità sia correttamente posizionata sullo 0.
Leggi attentamente le pagine seguenti in cui sono riportate le preparazioni di base.
Bimby ha molteplici usi e solo la perfetta conoscenza degli stessi ti permetterà di sfruttarlo nel migliore dei modi.
Durante la preparazione delle ricette incontrerai questi simboli:
M minuti S secondi T temperatura V velocità I ingredienti

2.1.1.4 Contenuto di 1 misurino

Gli ingredienti si possono dosare sia con la bilancia che con il misurino.
Acqua, latte 100 grammi = 1 decilitro
Olio 90 grammi
Zucchero 100 grammi
Farina 55 grammi
Fecola 80 grammi

Pangrattato 40 grammi
Riso 80 grammi
Parmigiano 50 grammi

2.1.2 *Bimby trita*

Ricordati:
- che le piccole quantità dovranno essere introdotte dal foro del coperchio
- che il volume degli ingredienti non dovrà mai superare la metà del boccale e sulle lame in movimento a V 6.

2.1.3 *Prezzemolo - Basilico Aromi vari*

Prezzemolo e aromi lavati e asciugati nella quantità desiderata (non meno di 20 gr.). Inserisci nel boccale dal foro del coperchio con lame in movimento V 6, una manciata per volta dell'aroma che desideri tritare e continua fino ad esaurimento degli ingredienti. Aspetta 10 S ancora prima di fermare l'apparecchio.

Vi consiglio di tritare discrete quantità, per poterle poi conservare nel congelatore e utilizzarle quando necessitano. Puoi anche conservarli in frigorifero coperti di olio e se ti piace, aromatizzarli con uno spicchio di aglio. Le piccolissime quantità, si possono invece tritare contemporaneamente agli altri ingredienti della ricetta che desideri preparare.

2.1.4 *Carote Cipolle Sedano*

Da 50 gr. a 500 gr. della verdura prescelta, lavata e tagliata grossolanamente. Inserisci la verdura prescelta nel boccale e tritala: da 10 a 30 S a V 4, a seconda della quantità e del trito desiderato.

2.1.5 *Verdure Miste*

400 gr. di verdure miste lavate e strizzate.
Inserisci nel boccale le verdure, alternando quelle in foglia a quelle in pezzi e tritale: da 6 a 10 S a V 3 a seconda del trito desiderato. Potrai così utilizzarle per un ottimo minestrone.

2.1.6 *Per cominciare*

2.1.6.1 **Trito per gratin**

1 panino raffermo, 1 spicchio di aglio, prezzemolo, rosmarino e altri aromi a piacere. Inserisci il tutto nel boccale: 20 S da V 4 a turbo.

2.1.6.2 **Carne cruda/cotta**

Carne magra priva di nervi e pellicine nella quantità desiderata.
Taglia la carne a cubetti e falla cadere 100 gr. per volta dal foro del coperchio, con lame in movimento a V 8. Spegni immediatamente dopo aver inserito l'ultimo cubetto e toglila. Ripeti l'operazione fino ad esaurimento della quantità desiderata. Puoi utilizzare anche cubetti di carne congelata, senza attendere il perfetto scongelamento. In questo caso la carne potrà essere anche leggermente grassa.

2.1.6.3 **Prosciutto - Mortadella - Salumi vari**

Prosciutto o altro nella quantità desiderata.
Inserisci i salumi dal foro del coperchio, con lame in movimento a V 5 per il tempo necessario a seconda della quantità.

2.1.6.4 **Ghiaccio**

Da 100 a 700 gr. di cubetti.
Inserisci i cubetti nel boccale e tritali a V 6 da 5 S a 20 S. Il tempo può variare in funzione della quantità.

2.1.6.5 Grattugia, macina e polverizza

Ricordati che per una perfetta riuscita il boccale dovrà essere sempre perfettamente asciutto e che il volu-me degli ingredienti non dovrà mai superare la metà del boccale.

2.1.6.6 Pane secco e raffermo

Fino a 300 gr. di pane secco o raffermo.
Inserisci il pane a pezzetti nel boccale: 10 S a V 4 dando contemporaneamente alcuni colpi di V turbo.
Il tempo necessario sarà in funzione della quantità e della finezza desiderata.

2.1.6.7 Parmigiano

Fino a 300 gr. di parmigiano privo di crosta.
Inserisci il parmigiano a cubetti nel boccale: 10 S aV 4 dando contemporaneamente alcuni colpi di V turbo. Il tempo necessario sarà in funzione della quantità.

2.1.6.8 Caffè

Fino a 250 gr. di caffè in grani.
Inserisci il caffè nel boccale e macinalo per 1 M aV 8 e 1 M a V turbo. Il tempo può variare a seconda se utilizzi la moka o la macchina espresso.

2.1.6.9 Mandorle - Noci - Frutta secca

Fino a 300 gr. di frutta secca.
Inserisci l'ingrediente che desideri macinare nel boccale: 30 S portando lentamente la V da 4 a turbo.

2.1.6.10 Cioccolato

Fino a 300 gr. di cioccolato a pezzi.
Inserisci il cioccolato nel boccale: da 5 a 30 S a V 8 a seconda della quantità.

2.1.6.11 Zucchero

Fino a 300 gr di zucchero.
Inserisci lo zucchero nel boccale: da 10 a 30 S aV turbo a secondo della quantità.

2.1.6.12 Riso

Fino a 200 gr. di riso.
Inserisci il riso nel boccale e polverizzalo per 2 M a V turbo.

2.1.6.13 Legumi e cereali

Fino a 200 gr. di legumi (mais frumento avena tapioca lenticchie ceci ecc.). Inserisci il legume o il cereale prescelto nel boccale e polverizzalo a V turbo, per 2 o 3 M. Il tempo può variare a seconda della quantità e della qualità del cereale.

2.1.7 *Bimby frulla omogeneizza*

Ricordati che per omogeneizzareè necessario prima utilizzare V basse (4-5) e poi passare a V 9 o Turbo.

2.1.7.1 Bibite integrali

La base per una buona bibitaè 1 limone, zucchero, ghiaccio a piacere, e della buona frutta. Pela a vivo la frutta, privala dei semi e mettila nel boccale con il ghiaccio il limone e lo zucchero. Omogeneizza per 30 S a V 6 e 1 M aV Turbo. Unisci la quantità di acqua che desideri e mescola per 4 M a V 3. Volendo, col cestello, si possono filtrare i minimi residui.

2.1.7.2 Bibite filtrate

1 mela o altra frutta a piacere, 1 gambo di sedano, 1 limone pelato a vivo e 1 carota, 70 gr. di zucchero, 600 gr. di acqua, 6 cubetti di ghiaccio.
Inserisci nel boccale zucchero e ghiaccio e tritalo a V 5 per 5 S. Aggiungi la frutta: 3 S a V 5 poi l'acqua e mescola per 2 M a V 3. Filtra con il cestello e servi.

2.1.7.3 Frullati

La proporzione degli ingredienti è uguale a quelli delle bibite.
In questo caso dovrai prima tritare lo zucchero e il ghiaccio: 6 S V 6. Aggiungi poi la frutta e il limone: 30 S a V 6, e unisci poca acqua: 30 S a V Turbo.

2.1.8 Bimby emulsiona

Emulsionare significa, portare in sospensione di un liquido minutissime particelle di altre sostanze, creando così una "emulsione". Ricordati che si ottiene un risultato eccellente versando i liquidi dal foro del coperchio tenendo il misurino leggermente inclinato.

2.1.8.1 Frappé

200 gr. di frutta matura, 6 cubetti di ghiaccio, 1/2 mis. di zucchero, 4 mis. di latte magro.
Inserisci nel boccale lo zucchero il ghiaccio e la frutta: 10 S a V 8. Posiziona la farfalla, porta la V a 2-3 e aggiungi il latte dal foro del coperchio tenendo il misurino inclinato.

2.1.8.2 Maionese

1 uovo intero e 1 tuorlo, 3 mis. di olio di semi, succo di 1/2 limone, sale q.b. Inserisci nel boccale uova limone e sale: 45 S a V 4 versando l'olio a filo dal foro del coperchio con il misurino leggermente inclinato.

2.1.8.3 Crèpes

4 uova, 200 gr. di farina, 1/2 lt. di latte, 50 gr. di burro morbido.
Inserisci tutti gli ingredienti nel boccale: 20 S a V 5. Prima di utilizzarlo lascia riposare il composto in una ciotola per 1/2 ora.

2.1.9 Bimby monta

Ricordati: di utilizzare la FARFALLA per facilitare questa operazione e di usare sempre alimenti freschissimi.

2.1.9.1 Albumi a neve

Da 2 a 6 albumi, 1 pizzico di sale fino.
Disponi la farfalla sulle lame del boccale perfettamente pulito e inserisci gli albumi: da 2 a 3 M a V 2-3, a seconda del numero degli albumi. Fai attenzione che non ci siano residui di tuorlo e imposta per un migliore risultato, la temperatura a 40 C. Il tempo necessario sarà sempre in funzione della quantità degli albumi.

2.1.9.2 Panna montata

Da 200 a 600 gr. di panna fresca e ben fredda. Raffredda il boccale in frigorifero. Disponi la farfalla sulle lame e inserisci la panna: da 45 a 90 S a V 2-3. Controlla la densità e, se necessario, aumenta il tempo di pochi secondi. Non usare panna a lunga conservazione e non superare mai V 3, altrimenti la panna si smonta. Puoi ottenere un ottimo risultato, utilizzando anche panna vegetale.

2.1.9.3 Burro

Da 200 a 600 gr. di panna fresca.

Nel boccale ben freddo disponi la farfalla e aggiungi la panna: 2 M a v 2-3. Aggiungi acqua fredda, mescola per alcuni S a V 1, poi scola il burro venuto a galla, usando il cestello. Conservalo in frigorifero. Puoi insaporirlo a scelta con sale, basilico, erba cipollina o rucola precedentemente tritati.

2.1.10 *Bimby manteca*

Mantecare significa rendere una preparazione morbida e omogenea. Bimby, grazie alla potenza del motore ci dà la possibilità di ottenere istantaneamente sorbetti o gelati partendo da ingredienti ghiacciati. I sorbetti sono a base di ghiaccio, zucchero, limone e altra frutta a piacere. I sorbettoni sono a base di frutta congelata, zucchero a velo e 1 limone. I gelati di frutta sono a base di latte congelato, frutta congelata, zucchero a velo e 1 limone.

2.1.10.1 Sorbetto di limone

700 gr. di ghiaccio, 2 limoni pelati a vivo e privati dei semi, 200 gr. di zucchero.
Fai lo zucchero a velo per 30 S a V Turbo. Inserisci prima i limoni, poi il ghiaccio: 1 M da V 5 a Turbo, spatolando. A piacere sostituisci i limoni con altra frutta.

2.1.10.2 Sorbettone di frutta mista

700 gr. di frutta mista congelata a pezzi, 1 limone pelato a vivo senza semi e 200 gr. di zucchero.
Togli la frutta dal freezer qualche minuto prima di utilizzarla. Fai lo zucchero a velo: 30 S a V Turbo. Unisci il limone e la frutta: 40 S a V 7, 20 S a V 4 e 20 S a V Turbo, spatolando.

2.1.10.3 Gelato di fragole

300 gr. di fragole congelate, 500 gr. di latte congelato a cubetti, 100 gr. di zucchero, succo di limone.
Togli la frutta dal freezer 5 S prima di utilizzarla. Fai lo zucchero a velo: 20 S a V Turbo. Unisci le fragole e il latte: 40 S a V 7 e 20 S a V 4, spatolando. Bimby impasta

2.1.11 *Impasti base per pane pizza focacce*

Ricordati: che per gli impasti con lievito di birra, sia dolci che salati, avrai un ottimo risultato, utilizzando la velocità spiga. Il quantitativo massimo di farina non dovrà superare i 700 gr. La velocità di esecuzione consentirà comunque di impastare in un'ora 10 Kg. di farina. L'impasto migliora se il lievito viene sciolto in liquidi tiepidi; la temperatura comunque non dovrà mai superare i 40 C, per non togliere i principi attivi del lievito di birra.

2.1.11.1 Pasta per pane o pizza

500 gr. di farina, 1 cubetto di lievito di birra, 200 gr. di acqua, 100 gr. di latte, 1 cucchiaio d'olio e sale q.b.
Inserisci nel boccale l'olio, il lievito, l'acqua, il latte tiepido e il sale: 5 S a V 6. Aggiungi la farina: 20 S a V 6 e 1 M a V Spiga. Lascia lievitare l'impasto coperto per circa 1/2 ora, prima di utilizzarlo.

2.1.11.2 Pasta per pizza gigante

700 gr. di farina, 1 cubetto di lievito di birra, 300 gr. di acqua, 100 gr. di latte, 2 cucchiai d'olio e sale q.b.
Inserisci nel boccale l'olio, il lievito, l'acqua, il latte tiepido e il sale: 5 S a V 6. Aggiungi dall'alto a pioggia, la farina: 30 S a V 6 e 1 M e 1/2 a V Spiga. Lascia lievitare l'impasto coperto per circa 1/2 ora, prima di utilizzarlo.

2.1.12 Impasti base per tagliatelle ravioli

Ricordati: che il rapporto 100 gr. di farina, 1 uovo è perfetto utilizzando uova da 60 gr. Per eventuali correzioni della consistenza dell'impasto, aggiungi un cucchiaino di farina o un cucchiaino di acqua dal foro del coperchio con lame in movimento. L'aggiunta dell'olio di oliva è facoltativa e serve a rendere più elastico l'impasto.
Prima di stendere l'impasto, lascialo sempre riposare 15 M avvolto in un canovaccio.

2.1.12.1 Pasta all'uovo

3 uova, 300 gr. di farina, 1 cucchiaino d'olio.
Inserisci tutti gli ingredienti nel boccale: 20 S a V 6. E' ottima per tagliatelle, lasagne, ravioli, ecc...

2.1.12.2 Pastina per brodo

1 uovo, 130 gr. di farina.
Inserisci nel boccale 100 gr. di farina e l'uovo: 10 S a V 3. Con lame in movimento a V 5 aggiungi i restanti 30 gr. di farina e ferma l'apparecchio dopo 2 S. Versa la pastina su un canovaccio e lasciala asciugare. Se una parte dell'impasto rimane attaccato alle pareti, staccalo con la spatola e ripeti l'operazione con un poco di farina.

2.1.13 Impasti per torte

Sono i più semplici e potrai utilizzare le tue ricette personali.

2.1.13.1 Impasti base per crostate - quiche - vol-au-vent

Ricordati: che per gli impasti a base di farina con magarina o burro è importante utilizzare tali ingredienti a temperatura ambiente. Prima di utilizzare questi impasti lasciali sempre riposare per 15 M in frigorifero, avvolti in in canovaccio o in carta forno.

2.1.13.2 Pasta brisé

250 gr. di farina, 100 gr. di burro morbido, 1/2 mis. abbondante di acqua fredda, sale q.b.
Inserisci nel boccale prima la farina poi gli altri ingredienti e impasta per 15 S a V 6. Avvolgi l'impasto in un canovaccio e lascialo in frigorifero per 15 M, prima di utilizzarlo. E' un'ottima base per torte salate.

2.1.13.3 Pasta Frolla

300 gr. di farina, 130 gr. di burro morbido, 1 uovo intero e 1 tuorlo, 3/4 di mis. di zucchero, scorza di limone (già grattugiata), 1 pizzico di sale e ½ cucchiaino di lievito vanigliato (facoltativo).
Inserisci tutti gli ingredienti nel boccale e impasta per 25 S a V 7. Avvolgi l'impasto in un canovaccio e lascialo in frigorifero per 15 M prima di utilizzarlo. E' un'ottima base per crostate.

2.1.13.4 Pasta sfoglia

150 gr. di burro congelato a pezzi, 150 gr. di farina, 3/4 di mis. di acqua gelata e 1 pizzico di sale.
Inserisci tutti gli ingredienti nel boccale: 15 S a V 6. Stendi la pasta in un rettangolo e ripiegala in 3 parti. Ripeti la stessa operazione altre 3 o più volte (per ogni lato del rettangolo), tirando ogni volta la pasta con il mattarello. E' ottima per la preparazione di vol-au-vent, cannoncini, ecc...

2.1.13.5 Pan di spagna

6 uova, 250 gr. di farina, 250 gr. di zucchero, 1 bustina di vanillina, 1 bustina di lievito e 1 pizzico di sale.

Fai lo zucchero a velo: 20 S a V Turbo. Unisci le uova: 20 S a V 4. Versa attraverso il foro del coperchio con lame in movimento V 7 la farina, la vanillina, il sale e per ultimo il lievito: 40 S a V 7. Versa in una tortiera e cuoci in forno per 10 M a C 160, 15 M a C. 180 e 15 M a 200 C. E' un'ottima base per le torte farcite.

Se sei golosa, vai a pagina 83: troverai tante belle ricette.

2.1.14 *Bimby cuoce*

2.1.14.1 **Nel Boccale**

a V 1 o 2 per il rimescolamento degli ingredienti, senza tritarli. Da V 3 in poi trita anche gli ingredienti.

2.1.14.2 **Nel Boccale Con Farfalla**

a V 1 o 2 per il rimescolamento degli ingredienti delicati, o delle grandi quantità, e per montare determinate preparazioni.

2.1.14.3 **Nel Boccale Con Cestello**

a V 4 per cotture differenziate.

2.1.14.4 **Nel Varoma**

per la cottura a vapore, utilizzando il VAROMA con o senza vassoio. Per addensare sughi, marmellate ecc.

2.2 Consigli utili per il funzionamento a caldo

2.2.1 *Temperature*

Per il funzionamento a caldo, dovrai utilizzare 2 manopole: quella della velocità, quella della temperatura e il tasto del display per predeterminare il tempo. Si possono selezionare temperature dai 40 C ai 100 C. La temperatura Varoma va utilizzata per le cotture a vapore e per addensare.

L'esclusivo sistema di cottura di Bimby, ti consente la più ampia gamma di utilizzo:

- selezionando una temperatura dai **40 ai 60 C**, puoi intiepidire preparazioni o fondere alimenti delicati come il cioccolato.

- selezionando temperature dai **70 ai 90 C**, puoi ottenere preparazioni perfette come la fonduta, la crema inglese o lo zabaione, che non tollerano temperature più elevate.

- selezionando la temperatura di **100 C**, infine, puoi soffriggere e cuocere, con la sicurezza che la temperatura selezionata rimarrà costante per tutta la durata della cottura. Se durante la cottura il liquido dovesse fuoriuscire dal foro del coperchio, abbassa la temperatura a 90 C.

- selezionando la temperatura **Varoma**, otterrai più produzione di vapore e questo ti consentirà di sfruttare al massimo le potenzialità di Bimby. Si consiglia di posizionare il VAROMA sul coperchio quando gli ingredienti nel boccale avranno raggiunto l'ebollizione.

2.2.2 *Velocità*

In cottura, le **velocità 1 o 2**, si usano per un rimescolamento più o meno lento.

Le **velocità da 3 a 6**, si usano per potere contemporaneamente tritare, emulsionare o amalgamare.

- Durante il funzionamento a caldo e sopratutto con liquidi in ebollizione, non dovrai mai **utilizzare velocità superiori alla velocità 6**. Per una legge fisica, abbinare la pressione del vapore alla forte potenza rotatoria delle lame, può provocare la fuoriuscita di liquido bollente.

L'eventuale omogeneizzazione degli ingredienti va fatta a freddo. MAI durante o alla fine della cottura.

Alla fine della cottura con Varoma togli immediatamente il Varoma; prima di fermare l'apparecchio aspetta alcuni secondi, prima di aprire il coperchio del boccale.
I tempi di cottura indicati nelle ricette, sono sempre indicativi e potranno variare in funzione della qualità degli ingredienti e del gusto personale.
Ricordati sempre che con Bimby si può fare tutto e non dovrai cambiare le tue abitudini culinarie ma le potrai solo migliorare.
Prima di incominciare a cucinare pensa: Bimby farà questa ricetta per me?...Sicuramente sì... provala!

5 Ricette per bambini

5.1 Per ogni età

5.1.1 A 6 Mesi

5.1.1.1 Prima Pappa

Ingredienti: 50gr patate sbucciate 50gr carote 40gr vitello 20gr crema riso istantanea 250gr acqua 1 cucchiaino olio extravergine
Procedimento: Inserire dal foro con lame in movimento Vel.7 carne e verdure aggiungere l'acqua e cuocere 12min 90°-100° Vel.2 a cottura ultimata unire dal foro la crema di riso e amalgamare il tutto 40sec Vel.6 versare la pappa e aggiungere un cucchiaino olio.

5.1.1.2 Crema Di Verdure

Ingredienti: 50gr patate sbucciate 50gr carote 3 foglie lattuga 40gr petto di pollo 20gr crema riso istantanea 250gr acqua 1 cucchiaino olio extravergine **Procedimento:** Inserire dal foro con lame in movimento Vel.7 carne e verdure a pezzetti aggiungere l'acqua e cuocere 12min 90°-100° Vel.2 a cottura ultimata unire dal foro la crema di riso e amalgamare il tutto 40sec Vel.6 versare la pappa e aggiungere un cucchiaino olio.

5.1.1.3 Pappa Di Verdure

Ingredienti: 30gr patata sbucciata 30gr carota 30gr zucchina 2 foglie lattuga 1 pezzetto sedano 40gr pollo 20gr crema riso istantanea 250gr acqua 1 cucchiaino olio extravergine
Procedimento: Inserire dal foro con lame in movimento Vel.7 il pollo la lattuga la patata la zucchina la carota e il sedano, aggiungere l'acqua e cuocere 12min 90°- 100° Vel.2 a cottura ultimata unire dal foro la crema di riso e amalgamare il tutto 40sec Vel.6 versare la pappa e aggiungere un cucchiaino olio.

5.1.1.4 Pappa Di Lattuga

Ingredienti: 100gr patate 40gr vitello 20gr semolino di grano istantaneo 2 foglie lattuga (30gr ca) 250gr acqua 1 cucchiaino olio extravergine
Procedimento: Inserire dal foro con lame in movimento Vel.7 carne e verdure a pezzetti aggiungere l'acqua e cuocere 12min 90°-100° Vel.2 a cottura ultimata unire dal foro la crema di riso e amalgamare il tutto 40sec Vel.6 versare la pappa e aggiungere un cucchiaino olio.

5.1.1.5 Pappa Con I Fagiolini

Ingredienti: 100gr fagiolini 40gr coniglio 20gr pastina 250gr acqua 1 cucchiaino olio extravergine
Procedimento: Inserire dal foro con lame in movimento Vel.7 carne e i fagiolini aggiungere l'acqua, la pastina e cuocere 12min 90°-100° Vel.2 a cottura ultimata unire dal foro la crema di riso e amalgamare il tutto 40sec Vel.6 versare la pappa e aggiungere un cucchiaino olio.

5.1.1.6 Pappa Di Mais E Tapioca

Ingredienti: 100gr fagiolini 20gr tacchino 20gr crema mais e tapioca istantanea 200grlatte
100gr acqua 1 cucchiaino olio extravergine

Procedimento: Inserire dal foro con lame in movimento Vel.7 carne e i fagiolini aggiungere l'acqua, latte e cuocere 12min 90°-vel 2 a cottura ultimata unire dal foro la crema di mais e tapioca e amalgamare il tutto 40sec Vel.6 versare la pappa e aggiungere un cucchiaino olio.

5.1.1.7 Passata Di Pollo

Ingredienti: 120gr verdure miste 40gr pollo 20gr crema di riso istantanea 250gr acqua 1 cucchiaino olio extravergine

Procedimento: Inserire dal foro con lame in movimento Vel.7 pollo e verdure aggiungere l'acqua e cuocere 12min 90°-100° Vel.2 a cottura ultimata unire dal foro la crema di riso e amalgamare il tutto 40sec Vel.6 versare la pappa e aggiungere un cucchiaino olio.

5.1.1.8 Pappa Con Manzo

Ingredienti: 50gr patata sbucciata 50gr carota 40gr manzo 20gr pastina 300gr acqua 1 cucchiaino olio extravergine

Procedimento: Inserire dal foro con lame in movimento Vel.7 carne e verdure. Con la spatola riunire il composto aggiungere l'acqua e cuocere 15min 90°-100° Vel.2 e amalgamare il tutto 40sec Vel.6 unire la pastina e cuocere 4min 90°-100° Vel.1 versare la pappa e aggiungere un cucchiaino olio.

5.1.1.9 Crema Di Prosciutto

Ingredienti: 120gr patate sbucciate 20gr prosciutto magro 2 foglie lattuga 20gr semolino di grano istantaneo 250gr acqua 1 cucchiaino olio extravergine

Procedimento: Inserire nel boccale l'insalata e le patate a pezzetti 20sec portando lentamente da Vel.1 a Vel.8 aggiungere l'acqua e cuocere 12min 90°-100° Vel.2 terminata la cottura inserire del foro il prosciutto a pezzetti e il semolino 20sec Vel.4 e 15sec Vel.8 versare la pappa e aggiungere un cucchiaino olio.

5.1.1.10 Passata Di Verdure

Ingredienti: 350gr verdure miste 500gr acqua

Procedimento: Inserire nel boccale le verdure 30sec portando lentamente da Vel.1 a Vel.8 aggiungere acqua e cuocere 15m 100° Vel.4

5.1.1.11 Semolino E Pollo

Ingredienti: 80gr. di patata sbucciata 40gr petto di pollo 2 foglie di lattuga 20gr semolino di grano istantaneo 250gr acqua 1 cucchiaino olio extravergine

Procedimento: Inserire dal foro con lame in movimento Vel.7 pollo e verdure aggiungere l'acqua e cuocere 12min 90°-100° Vel.2 a cottura ultimata unire dal foro la crema di riso e amalgamare il tutto 40sec Vel.6 versare la pappa e aggiungere un cucchiaino olio.

5.1.1.12 Pappa Con Carote E Sedano

Ingredienti: 150gr carote 50gr cuore di sedano 50gr patate sbucciate 40gr manzo cotto 20gr semolino di riso istantaneo 300gr acqua 1 cucchiaino olio extravergine

Procedimento: inserire nel boccale le verdure a pezzetti 10sec Vel.3 riunire il composto con la spatola aggiungere l'acqua e cuocere 12min 90°-100° Vel.2 amalgamare il tutto 40sec Vel.6 togliere metà del composto e aggiungere il manzo e il semolino 40sec Vel.6 versare la pappa e aggiungere un cucchiaino olio

5.1.1.13 Mela Banana Passata

Ingredienti: 80gr mela sbucciata 40gr banana 75gr acqua qualche goccia di succo di limone

Procedimento: Inserire nel boccale la mela e la banana 10sec Vel.4 aggiungi acqua e limone e cuoci 5min 90° Vel.4 a fine cottura amalgama 20sec Vel.6 versare in tazza coprire e lasciare raffreddare

5.1.1.14 Dessert Di Pera E Mela

Ingredienti: 60gr mela sbucciata 60gr pera sbucciata 75gr acqua qualche goccia di succo di limone

Procedimento: Inserire nel boccale la mela e la pera 10sec Vel.4 aggiungi acqua e limone e cuoci 5min 90° Vel.4 a fine cottura amalgama 20sec Vel.6 versare in tazza coprire e lasciare raffreddare

5.1.1.15 Dessert Di Banana

Ingredienti: 120gr banana 75gr acqua qualche goccia di succo di limone **Procedimento:** Inserire nel boccale la banana 10sec Vel.4 aggiungi acqua e limone 40sec Vel.6 e 20sec Vel.8

5.1.1.16 Dessert Mela

Ingredienti: 120gr mela sbucciata 75gr acqua qualche goccia di succo di limone

Procedimento: Inserire nel boccale la mela 10sec Vel.4 aggiungi acqua e limone e cuoci 5min 90° Vel.4 a fine cottura amalgama 20sec Vel.6 versare in tazza coprire e lasciare raffreddare

5.1.1.17 Mela Grattuggiata Bimby

Ingredienti: 120gr mela sbucciata 50gr acqua 2 cucchiaini di succo di limone

Procedimento: Inserire nel boccale dal foro con lame in movimento a Vel.7 la mela a pezzetti con la spatola riunire il composto e aggiungere l'acqua e il succo di limone 40sec Vel.8 servire subito

5.1.1.18 Mele Pere Al Bimby

Ingredienti: 60gr mela sbucciata 60gr pera sbucciata 100gr acqua 1 cucchiaino di succo di limone

Procedimento: Inserire nel boccale dal foro con lame in movimento a Vel.4 la mela e la pera a pezzetti con la spatola riunire il composto e aggiungere l'acqua e il succo di limone 40sec Vel.9 servire subito

5.1.1.19 Pera E Banana Con Il Bimby

Ingredienti: 60gr mela sbucciata 60gr banana 100gr acqua 1 cucchiaino di succo di limone

Procedimento: Inserire nel boccale dal foro con lame in movimento a Vel.4 la banana e la pera a pezzetti con la spatola riunire il composto e aggiungere l'acqua e il succo di limone 40sec Vel.9 servire subito

5.1.1.20 Banana Al Limone

Ingredienti: 120gr banana 70gr acqua 1 cucchiaino di succo di limone **Procedimento:** Inserire nel boccale dal foro con lame in movimento a Vel.4 la banana a pezzetti con la spatola riunire il composto e aggiungere l'acqua e il succo di limone 40sec Vel.9 servire subito e fresco

5.1.2 A 8 Mesi

5.1.2.1 Brodo Vegetale

Ingredienti: 1 patata media sbucciata 1 pezzetto di sedano 1 zucchina 2-3 foglie di spinaci o erbette o lattuga 500gr di acqua

Procedimento: Inserire nel boccale l'acqua e le verdure tagliate a pezzi grossi e cuocere 20min 100° Vel.1 filtrare ed utilizzare il brodo per le varie pappe

5.1.2.2 Brodo Di Carne

Ingredienti: 100gr manzo o pollo a pezzetti 100gr verdure miste 500gr di acqua

Procedimento: Inserire nel boccale tutti gli ingredienti e cuocere 20min 90°- 100° Vel.1 filtrare ed utilizzare il brodo per le varie pappe

5.1.2.3 Minestra Con Platessa

Ingredienti: 150gr verdure miste 50gr platessa 400gr acqua 20gr pastina 1 cucchiaino olio extra vergine

Procedimento: Inserire nel boccale l'acqua e le verdure tagliate a pezzi grossi e il pesce 5sec Vel.7 cuocere 5min 90°-100° Vel.1 versare la pappa e aggiungere l'olio

5.1.2.4 Pappa Di Sogliola

Ingredienti: 100gr carote 50gr patate sbucciate 50gr filetti di sogliola 20gr semolino di grano istantaneo 400gr acqua 1 cucchiaino olio extra vergine **Procedimento:** Inserire nel boccale dal foro con lame in movimento a Vel.6 le patate le carote e la sogliola aggiungere acqua e cuocere 12min 90°-100° Vel.2 cottura ultimata unire dal foro il semolino e amalgamare il tutto 40sec Vel.6 versare la pappa e aggiungere un cucchiaino olio.

5.1.2.5 Pappa Di Nasello

Ingredienti: 100gr patate sbucciate 25gr crema di riso istantanea 40gr nasello 400gr acqua 1 ciuffo prezzemolo 1 cucchiaino olio extra vergine

Procedimento: Inserire nel boccale dal foro con lame in movimento a Vel.6 le patate e il pesce aggiungere acqua e cuocere 20min 90°-100° Vel.2 cottura ultimata unire dal foro la crema di riso e il prezzemolo e amalgamare il tutto 40sec Vel.6 versare la pappa e aggiungere un cucchiaino olio.

5.1.2.6 Pappa Coi Finocchi

Ingredienti: 200gr finocchio 100gr patate sbucciate 40gr filetti sogliola 25gr pastina 400gr acqua 1 ciuffo prezzemolo 1 cucchiaino olio extra vergine **Procedimento:** Inserire nel boccale dal foro con lame in movimento a Vel.6 le patate e i finocchi riunire il composto con la spatola aggiungere acqua e cuocere 10min 90°-100° Vel.2 togliere metà del composto e aggiungere la sogliola 40sec Vel.4 unire la pastina e cuocere 8min 90° Vel.1 versare la pappa e aggiungere un cucchiaino olio.
Osservazioni: il passato tenuto da parte si può utilizzare per la pappa della sera aggiungendo semolino o crema di riso

5.1.2.7 Pappa Di Spinaci

Ingredienti: 80gr patate sbucciate 40gr pollo qualche foglia di spinaci 200gr acqua 25gr maizena 1 cucchiaino olio extra vergine

Procedimento: Inserire nel boccale dal foro con lame in movimento a Vel.7 il pollo e le patate a pezzetti aggiungere acqua e cuocere 10min 90°-100° Vel.2 aggiungere a metà cottura gli spinaci terminata la cottura amalgamare 40sec Vel.4 unire la maizena dal foro e cuocere 5min 90° Vel.1 versare la pappa e aggiungere un cucchiaino olio

5.1.2.8 Crema Di Riso Al Pomodoro

Ingredienti: 100gr pomodoro sbucciato e privato dei semi 40gr petto di pollo o tacchino 25gr riso 200gr acqua 1 cucchiaino olio extra vergine

Procedimento: Inserire nel boccale dal foro con lame in movimento a Vel.6 il pollo e il pomodoro riunire il composto con la spatola aggiungere riso e acqua 25min 90°-100° Vel.2 terminata la cottura amalgamare il tutto 10sec Vel.6 versare la pappa e aggiungere un cucchiaino olio

5.1.2.9 Nasello Con Patate

Ingredienti: 100gr patate sbucciate 40gr nasello 500gr acqua 1 cucchiaino olio extra vergine 1 cucchiaino parmigiano

Procedimento: Inserire nel boccale l'acqua e il cestello con le patate a pezzi 20min 100° Vel.1 a metà cottura aggiungere dal foro il nasello a cottura ultimata togliere il cestello e trattenere nel boccale 200gr acqua di cottura unire patate e nasello 40sec Vel.6 versare la pappa e aggiungere un cucchiaino olio1 cucchiaino parmigiano

5.1.2.10 Semolino Di Grano In Brodo

Ingredienti: 25gr semolino istantaneo 200gr brodo di carne 2 cucchiaini passata di pomodoro 1 cucchiaino olio extra vergine

Procedimento: Inserire nel boccale brodo e pomodoro 5min 90°-100° Vel.1 aggiungere dal foro del coperchio il semolino e amalgamare 40sec Vel.6 versare la pappa e aggiungere un cucchiaino olio

5.1.2.11 Semolino Di Riso In Brodo

Ingredienti: 25gr semolino di riso istantaneo 200gr brodo vegetale 80gr verdura cotta 1 cucchiaino olio extra vergine

Procedimento: Inserire nel boccale brodo 5min 90°-100° Vel.1 aggiungere dal foro del coperchio le verdure e il semolino e amalgamare 40sec Vel.6 versare la pappa e aggiungere un cucchiaino olio

5.1.2.12 Pappa Di Maizena

Ingredienti: 25gr maizena 200gr brodo di carne 1 cucchiaino olio extra vergine

Procedimento: Inserire nel boccale il brodo la maizena e cuocere 8min 80° Vel.3 versare la pappa e aggiungere un cucchiaino olio

5.1.2.13 Semolino Con L'uovo

Ingredienti: 25gr semolino di grano istantaneo 200gr brodo di carne o di verdura 1 tuorlo d'uovo sodo 1 cucchiaino olio extra vergine

Procedimento: Inserire nel boccale il brodo cuocere 5min 90°-100° Vel.1 aggiungere dal foro il semolino e il tuorlo amalgamare 40sec Vel.6 versare la pappa e aggiungere un cucchiaino olio

5.1.2.14 Semolino Di Riso

Ingredienti: 25gr semolino di riso istantaneo 200gr brodo di pollo

Procedimento: Inserire nel boccale il brodo cuocere 5min 90°-100° Vel.1 aggiungere dal foro il semolino amalgamare 40sec Vel.6 versare la pappa

5.1.2.15 Pancotto

Ingredienti: 30gr pane 200gr di brodo 1 cucchiaino di parmigiano 1 cucchiaino olio extra vergine

Procedimento: Inserire nel boccale il pane 20sec Vel.3 aggiungi brodo e cuoci 5min 80° Vel.2 versare e aggiungere olio e parmigiano

5.1.2.16 Carote Al Latte

Ingredienti: 80gr di carote 200gr latte 15gr maizena

Procedimento: Inserire nel boccale le carote 10sec Vel.9 aggiungere il latte e cuocere 15min 90° Vel.2 terminata la cottura e con le lame ancora in movimento aggiungere la maizena cuocere 5min 90° Vel.3

5.1.2.17 Composta Golosa

Ingredienti: 60 banana 60 albicocca 50gr acqua 1 cucchiaino succo limone

Procedimento: Inserire nel boccale con lame in movimento Vel.4 la frutta a pezzettini. Riunire il composto con la spatola aggiungi acqua e succo 40sec Vel.9 servire subito

5.1.2.18 Banana All'arancia

Ingredienti: 100 banana 1\2mis succo arancia 50gr acqua

Procedimento: Inserire nel boccale con lame in movimento Vel.4 la frutta a pezzettini. Riunire il composto con la spatola aggiungi acqua e succo 40sec Vel.9 servire subito

5.1.2.19 Composta Di Yogurt

Ingredienti: 2 biscotti 1\2 frutto sbucciato 1 vasetto yogurt naturale (125gr)

Procedimento: Inserire nel boccale con lame in movimento Vel.4 i biscotti Polverizzarli 30sec Vel.6 con le lame in movimento aggiungi il frutto Riunire il composto con la spatola aggiungi yogurt 5sec Vel.2 servire subito.

5.1.2.20 Frullato Di Yogurt

Ingredienti: 1 fetta biscottata 50gr banana 1 vasetto yogurt al naturale (125 gr)
Procedimento: Inserire nel boccale con lame in movimento Vel.4 la banana Riunire il composto con la spatola aggiungi yogurt 30sec Vel.5 servire subito

5.1.2.21 Yogurt Con Albicocche

Ingredienti: 50gr albicocca matura 1 vasetto yogurt al naturale 1 cucchiaino zucchero (facoltativo)
Procedimento: Inserire nel boccale con lame in movimento Vel.4 l'albicocca Riunire il composto con la spatola aggiungi yogurt e zucchero 5sec Vel.2 servire subito

5.1.2.22 Merenda Alla Frutta

1 arancia 80gr banana 80gr mela 1 cucchiaino di zucchero
Procedimento: Inserire nel boccale l'arancia a pezzetti senza semi 20sec Vel.6 aggiungi mela e banana a pezzetti 40sec Vel.6 Riunire il composto con la spatola amalgamare e zucchero 20sec Vel.8 servire subito

5.1.2.23 Yogurt Alla Carota

Ingredienti: 50gr mela 20gr carota mondata 1 vasetto di yogurt al naturale
Procedimento: Inserire nel boccale con lame in movimento Vel.4 la mela e al carota Riunire il composto con la spatola aggiungi yogurt 10sec Vel.4 servire subito

5.1.3 *A 10 Mesi*

5.1.3.1 Pastina Al Latte

Ingredienti: 30gr pastina 50gr acqua 100gr latte
Procedimento: Inserire nel boccale l'acqua il latte e la pastina cuocere 10min 90° Vel.1 versare la pappa e lasciare intiepidire

5.1.3.2 Pappa Di Tacchino

Ingredienti: 40gr carote 40gr patate sbucciate 40gr tacchino 150gr latte 50 acqua 1 cucchiaino olio extravergine
Procedimento: Inserire dal foro con lame in movimento Vel.7 la carne unire le verdure 20sec Vel.3 riunire il composto con la spatola aggiungere l'acqua, il latte e cuocere 13min 90°- Vel.2 a cottura ultimata amalgamare il tutto 40sec Vel.6 versare la pappa e aggiungere un cucchiaino olio.

5.1.3.3 Passata Di Zucchine

Ingredienti: 100gr zucchine 80gr patate sbucciate 200gr acqua 20gr parmigiano 1 tuorlo d'uovo 1 cucchiaino olio extravergine
Procedimento: Inserire le zucchine e le patate e l'acqua cuocere 15min 90°-100° Vel.1 aggiungere parmigiano e tuorlo d'uovo 2min 80° Vel.2 versare la pappa e aggiungere un cucchiaino olio.

5.1.3.4 Pasticcio Di Spinaci

Ingredienti: 100gr spinaci mondati e lavati 100gr patate sbucciate 400gr acqua 30gr parmigiano 50gr latte 1 cucchiaino olio extravergine
Procedimento: Inserire nel boccale prima gli spinaci e poi la patata a pezzetti 10sec Vel.6 unire acqua e latte 10min 90°100° Vel.2 aggiungere parmigiano olio e versare il composto in una piccola teglia cuocere in forno preriscaldato a 180° per 15min ca. servire tiepido.

5.1.3.5 Vellutata Di Zucca

Ingredienti: 100gr zucca 70gr patata sbucciata 150gr latte 100 acqua 1 cucchiaino olio extravergine

Procedimento: Inserire nel boccale la zucca e la patata a pezzetti 20sec Vel.5 riunire il composto con la spatola aggiungere l'acqua, il latte e cuocere 15min 90°- Vel.2 a cottura ultimata amalgamare il tutto 40sec Vel.6 versare la pappa e aggiungere un cucchiaino olio

Osservazioni: volendo si può aggiungere 10gr parmigiano

5.1.3.6 Vellutata Di Fagiolini

Ingredienti: 100gr fagiolini 300gr acqua 200gr latte 2 cucchiaini di fecola 10gr parmigiano

Procedimento: posizionare la farfalla inserire fagiolini e acqua cuocere 20min 100° vel1 togliere acqua di cottura e farfalla aggiungi parmigiano 20sec Vel.6 unire latte e fecola 25sec Vel.9 e cuocere 7min 90° Vel.2 a cottura ultimata amalgamare il tutto 40sec Vel.6 passata di pesca

Ingredienti: 120gr pesca sbucciata 50gr acqua 1 cucchiaino succo di limone

Procedimento: Inserire nel boccale dal foro del coperchio con lame in movimento Vel.4 la pesca aggiungere l'acqua e il succo cuocere 3min 90° Vel.2 Riunire il composto con la spatola e amalgamare il tutto 40sec Vel.6 servire fredda

5.1.3.7 Frullato Con Corn Flakes

Ingredienti: 20gr cornflakes 2 cucchiai rasi di marmellata 1 vasetto di yogurt al naturale (125 gr)

Procedimento: Polverizza cornflakes 50sec Vel.Turbo aggiungi altri ingredienti 10sec Vel.3 Riunire il composto con la spatola e amalgamare il tutto 5sec Vel.2

5.1.3.8 Composta Di Corn Flakes

Ingredienti: 50gr mela sbucciata 20gr cornflakes 1 vasetto di yogurt al naturale (125 gr)

Procedimento: Polverizza cornflakes 50sec Vel.Turbo aggiungi mela dal foro con lame in mov Vel.4 10sec Vel.3 Riunire il composto con la spatola e aggiungere yogurt 30sec Vel.4

N.B. volendo si può aggiungere 1 cucchiaino di miele

5.1.3.9 Yogurt Con Ananas

Ingredienti: 1 fetta ananas fresco 1 vasetto di yogurt al naturale (125 gr) 50gr latte 1 cucchiaino di zucchero

Procedimento: Tagliare la fetta d'ananas eliminando il cuore Inserire nel boccale dal foro del coperchio con lame in movimento a Vel.4 l'ananas Riunire il composto con la spatola e aggiungere latte e zucchero 30sec Vel.8 aggiungi yogurt 5sec Vel.2

5.1.3.10 Spremuta Di Pompelmo

Ingredienti: polpa di mezzo pompelmo 50gr acqua 1 cucchiaino di zucchero

Procedimento: Inserire tutti gli ingredienti nel boccale 40sec Vel.6 filtrare e servire

N.B. si può sostituire il pompelmo con l'arancia

5.1.4 *Il Suo Primo Compleanno*

5.1.4.1 Pan Di Spagna

Ingredienti: 250gr farina 250gr zucchero 6 uova 1 bustina di lievito un pizzico di sale

Procedimento: inserire nel boccale lo zucchero 10sec Vel.Turbo unire le uova 20sec Vel.4 aggiungere dal foro con lame in movimento. Vel.3 la farina 5min Vel.3 alla fine unire il lievito 30sec Vel.3 Versare l'impasto in una teglia (diam. 25cm e alt. 4cm ca) unta e infarinata cuocere in forno pre riscaldato a 160° per 10min a 180° per 15min e a 200° per altri 15min lasciare riposare alcuni minuti a forno spento prima di toglierla

5.1.4.2 Pan Di Spagna Senza Glutine

Ingredienti: 3mis farina senza glutine 200gr zucchero 6 uova 1 bustina di lievito consentito 1 bustina vanillina un pizzico di sale
Procedimento: Posizionare la farfalla e introdurre zucchero sale uova 6min Vel.3 senza fermare l'apparecchio aggiungi un misurino di farina alla volta la vanillina e il lievito 8min Vel.3.
Versare il composto in una tortiera precedentemente imburrata e infarinata cuocere in forno caldo a 160° per 15min 180° per 20min Lasciare riposare alcuni minuti a forno spento prima di toglierla

5.1.5 Farciture

5.1.5.1 Crema

Ingredienti: 500gr latte 2 uova intere+ 1 tuorlo 100gr zucchero 40gr farina o maizena scorza di limone o vanillina
Procedimento: inserire nel boccale tutto 5sec Vel.4 cuocere 7min 80° Vel.2 Lasciare raffreddare.
all'arancia: aggiungi il succo di 2 arance
al cioccolato: a fine cottura aggiungi 100gr cioccolato fondente
Chantilly: aggiungi alla crema fredda 200gr panna montata

5.1.5.2 Panna Montata

Ingredienti: 400gr panna fresca o vegetale
Procedimento: Posizionare la farfalla e inserire la panna ben fredda 50sec Vel.3
N.B. se si desidera la panna dolce fare prima lo zucchero a velo nella quantità desiderata
al cioccolato: aggiungere alla panna 1\2 misurino cacao amaro al
caffè: aggiungi un cucchiaio di caffè solubile

5.1.6 Decorazioni

5.1.6.1 Ghiaccia

Ingredienti: 200gr zucchero 1 albume 1 cucchiaino di succo di limone **Procedimento:** Inserire nel boccale ben asciutto lo zucchero e farlo a velo 30sec Vel.Turbo
unire l'albume e il limone 30sec Vel.4

5.1.6.2 Ghiaccia Al Cioccolato

Ingredienti: 100gr cioccolato fondente 200gr zucchero 100 rg acqua 30gr burro
Procedimento: Inserire nel boccale ben asciutto lo zucchero e farlo a velo 30sec Vel.Turbo
togliere lo zucchero e metterlo in una ciotola. Inserire dal foro con lame in movim Vel.6 il cioccolato a pezzetti unire acqua e zucchero 5min 70° Vel.1 Lasciare intiepidire e unire il burro 10sec Vel.2

5.1.6.3 Crema Di Burro

Ingredienti: 100gr burro 50gr zucchero a velo
Procedimento: Posizionare nel boccale al farfalla e inserire tutto 15sec Vel.2
N.B. volendo si può colorare la crema con coloranti da pasticceria.

5.1.7 A 12 Mesi

5.1.7.1 Pappa Dolce

Ingredienti: 20gr semolino grano istantaneo 200gr latte 100gr acqua 1 cucchiaino zucchero
Procedimento: Inserire nel boccale latte, acqua e lo zucchero 4min 90° Vel.2 Unire dal foro con lame in movimento il semolino 30sec Vel.3 versare la pappa e lasciare intiepidire

5.1.7.2 Nasello Al Vapore

Ingredienti: 70gr nasello 300gr acqua 1 cucchiaino di succo di limone 1 cucchiaino di olio extra un pizzico di sale
Procedimento: Inserire l'acqua e posizionare il cestello con il nasello a pezzi cuocere 12min 100° Vel.1 a cottura ultimata servire il nasello con olio e limone
N.B. si può sostituire con sogliola merluzzo o trota

5.1.7.3 Patate Al Vapore

Ingredienti: patate
Procedimento: Inserire nel boccale l'acqua e il cestello con le patate a pezzetti cuocere 20min 100° Vel.4 terminata la cottura togliere le patate dal cestello e, a seconda dell'età del bambino servirle condite con l'olio oppure porre le patate nel boccale a Vel.6 per 20sec aggiungendo se necessario 1\2mis d'acqua e condire con olio

5.1.7.4 Carote Al Vapore

Ingredienti: Carote in quantità variabile a seconda dell'età del bambino 500gr acqua 1 cucchiaino olio extrevergine un pizzico di sale.
Procedimento: Inserire nel boccale l'acqua e il cestello con le carote a pezzetti cuocere 25min 100° Vel.4 terminata la cottura togliere le carote dal cestello e, a seconda dell'età del bambino servirle condite con l'olio oppure porre le patate nel boccale a Vel.6 per 20sec aggiungendo se necessario 1\2mis d'acqua e condire con olio.

5.1.7.5 Vellutata Di Pomodori

Ingredienti: 50gr patate cotte 1 pomodoro maturo 100 acqua 50gr latte 1 cucchiaino olio extrevergine un pizzico di sale.
Procedimento: Inserire nel boccale il pomodoro l'acqua e il sale 20sec Vel.5 cuocere 10min 90° Vel.2 aggiungi la pata a pezzi il latte e amalgami il tutto 40sec Vel.6 versare la pappa e aggiungi un cucchiaino olio

5.1.7.6 Souffle Di Gruviera

Ingredienti: 30gr gruviera 1 uovo 50gr latte 50gr fecola di patate 1 noce di burro.
Procedimento: Inserire nel boccale dal foro con lame in movimento a Vel.4 per 30sec aggiungi gli altri ingredienti. 30sec Vel.6. Riunire il composto con la spatola e amalgama 30sec Vel.9 versa il composto in una piccola teglia (diam. 18cm) imburrata. cuocere in forno preriscaldato a 150° per 10min ca.

5.1.7.7 Souffle Di Carote

Ingredienti: 100gr carote 20gr gruviera 1 uovo 50gr latte 1 noce di burro.
Procedimento: Inserire nel boccale le carote e il formaggio a pezzi10sec Vel.4. Riunire il composto con la spatola e aggiungi latte e uova amalgama 30sec Vel.8 versa il composto in una piccola teglia (diam. 18cm) imburrata. cuocere in forno preriscaldato a 160° per 10min ca. e 10min a 180°.

5.1.7.8 Pasticcio Di Carne

Ingredienti: 100gr patata sbucciata 50gr coniglio o tacchino 50gr latte 10gr parmigiano 1 noce di burro.

Procedimento: Inserire nel boccale dal foro con lame in movimento a Vel.7 la patata e la carne a pezzetti. aggiungi gli altri ingredienti. 30sec Vel.6. Riunire il composto con la spatola e aggiungi latte e cuocere 15min 90° Vel.1 terminata la cottura aggiungi il parmigiano 40sec Vel.6 versa il composto in una piccola teglia (diam. 18cm) imburrata. cuocere in forno preriscaldato a 180° per 15min ca.

5.1.7.9 Pasticcio Di Patate

Ingredienti: 100gr patate sbucciate 10gr parmigiano 1 uovo 50gr latte. **Procedimento:** Inserire nel boccale il parmigiano 10sec Vel.9 aggiungi la patata a pezzi e l'uovo 30sec Vel.6 unire il latte 20sec Vel.4 versa il composto in una piccola teglia (diam. 18cm) unta e infarinata. cuocere in forno preriscaldato a 200° per 20min ca.

5.1.7.10 Pesce Gratinato

Ingredienti: 100gr patata sbucciata 70gr filetto di merluzzo 400gr acqua 10gr parmigiano burro q.b. un pizzico di sale

Procedimento: Inserire nel boccale l'acqua e il cestello con le patate a pezzetti e il merluzzo cuocere 20min a 100° Vel.Terminata la cottura togliere il cestello e trattenere nel boccale 100gr acqua di cottura. Aggiungi patate merluzzo sale e metà parmigiano 40sec Vel.6 versa il composto in una piccola teglia (diam. 18cm) imburrata. Cospargere con il parmigiano rimasto gratinare in forno preriscaldato a 180° per 12min.

5.1.7.11 Sogliola Al Pomodoro

Ingredienti: 100gr patate sbucciate 70gr filetti di sogliola 1 pomodoro maturo privato dei semi 300gr acqua 1 cucchiaio olio extra

Procedimento: Inserire acqua e patate a pezzetti 20min 100° Vel.1 a meta cottura inserire il cestello con la sogliola e continuare a Vel.1. Togliere la sogliola e scolare le patate mantenendo 1mis d'acqua di cottura. Aggiungere pomodoro e sale e amalgama 20sec Vel.6. Riunire il composto con la spatola e cuocere 3min 90°-100° Vel.2.

5.1.7.12 Tortino Di Verdure

Ingredienti: 1 patata sbucciata 1 pomodoro sbucciato privato del seme 1 zucchina 1 gambo di sedano 300 acqua 100 latte 1 pizzico di sale.

Procedimento: Inserire acqua e patate a pezzetti 20min 100° Vel.1 Scolare la patata e rimetterla nel boccale con il pomodoro la zucchina il sedano il latte il sale e 15gr parmigiano 5min 90° Vel.2 versare il composto in una piccola teglia unta e infarinata cospargere con il parmigiano rimasto e mettere in forno preriscaldato a 180° per 10min

5.1.7.13 Sugo Al Prosciutto

Ingredienti: 1 pomodoro medio maturo e sbucciato 30gr prosciutto cotto 1 cucchiaino olio extra un pizzico di sale

Procedimento: Inserire nel boccale il pomodoro a pezzetti il prosciutto ed il sale 40sec Vel.6 cuocere 4min 90° Vel.1 terminata la cottura aggiungi un cucchiaino d'olio

5.1.7.14 Hamburger Al Formaggio

Ingredienti: 40gr manzo 30gr parmigiano 300gr acqua un ciuffetto di prezzemolo 1 pizzico di sale.

Procedimento: Inserire nel boccale dal foro con lame in movimento Vel.6 il prezzemolo la carne il parmigiano e tritare per 15sec. Formare con il composto dei piccoli hamburger e disporli nel cestello precedentemente unto. Inserire nel boccale l'acqua posizionare il cestello e cuocere 7min 100° Vel.4. Togliere il cestello e disporre gli hamburger nel piattino.
N.B. il brodo rimasto si può usare per una minestrina.

5.1.7.15 Prosciutto Con Spinaci

Ingredienti: 150gr spinaci 1 patata sbucciata 40gr prosciutto cotto 150gr latte una noce di burro un pizzico di sale.

Procedimento: Inserire nel boccale la patata a pezzetti il latte e cuocere 5min 90° Vel.1 aggiungi spinaci dal foro 5min 90° Vel.1 unire prosciutto 4min 90° Vel.2. Riunire il composto con la spatola e amalgamare il tutto 40sec Vel.6 servire aggiungendo burro.

5.1.7.16 Riso Al Vapore

Ingredienti: 40gr riso 400gr acqua 1 pizzico di sale

Procedimento: Inserire nel boccale l'acqua, il sale e posizionare il cestello con il riso e cuocere 20min 100° Vel.4

N.B. a cottura ultimata condire il riso con sugo di pomodoro o al prosciutto, oppure con olio e parmigiano.

5.1.7.17 Minestra Di Verdure

Ingredienti: 1\4 patata sbucciata 1\2 carota 3 foglie di spinaci 1 pezzetto di cipolla e di sedano 2 foglie di lattuga 200gr di acqua un pizzico di sale 1 cucchiaino olioextravergine.

Procedimento: Inserire nel boccale dal foro con lame in movimento Vel.6 le verdure a pezzi. Riunire il composto con la spatola, aggiungi acqua e sale: cuoci 12min 90°-100° Vel.2 e amalgamare il tutto 40sec Vel.6 servire aggiungendo olio. N.B.la verdura non deve superare mai i 100- 130gr complessivi

5.1.7.18 Pomodoro Profumato

Ingredienti: 200gr pomodori maturi sbucciati e privati dei semi 1 gambo di sedano 1 pezzetto di carota 1 ciuffetto di prezzemolo e basilico 1 pizzico di sale 1 cucchiaino olio extra

Procedimento: Inserire le verdure a pezzetti nel boccale 20sec Vel.6 salare e cuocere 12min 90° Vel.2 Riunire il composto con la spatola, amalgamare il tutto 40sec Vel.6 servire aggiungendo olio.

5.1.7.19 Sugo Di Pomodoro

Ingredienti: 100gr di pomodoro maturi sbucciati e privati dei semi 1 pizzico di sale 1 cucchiaino olio extra

Procedimento: Inserire i pomodori e il sale nel boccale 20sec vel3 cuocere 5min 80° Vel.1 aggiungi olio e fai terminare la cottura per 1min ad apparecchio fermo(se risultasse aspro aggiungi un pizzico di zucchero)

5.1.7.20 La Prima Colazione

Ingredienti: 200gr latte 2 fette biscottate 1 cucchiaino raso di zucchero **Procedimento:** Inserire tutti gli ingredienti 20sec Vel.5 riunire il composto con la spatola e cuocere 3min 70° Vel.2 a fine cottura amalgama 20sec Vel.6 versare in tazza e lasciare intiepidire.

5.1.7.21 Frullato Con Biscotti

Ingredienti: 150gr frutta (mela e banana) 80gr latte 3 biscotti un cucchiaino di succo limone

Procedimento: Inserire nel boccale dal foro del coperchio con lame in movimento a Vel.4 i biscotti Polverizzarli 30sec Vel.6 aggiungere la frutta a pezzetti il limone e il latte 40sec Vel.9

5.1.7.22 Frullato Di Banana

Ingredienti: 120gr latte 1 banana media matura

Procedimento: Inserire nel boccale dal foro del coperchio con lame in movimento a Vel.4 la banana aggiungere il latte 30sec Vel.5 riunire il composto con la spatola e cuocere 3min 80° Vel.2 terminata la cottura amalgamare il tutto 20sec Vel.6. servire tiepido o freddo.

5.1.7.23 Frullato Di Lamponi

Ingredienti: 1 cucchiaio di lamponi freschi 150gr latte
Procedimento: Inserire nel boccale dal foro del coperchio con lame in movimento a Vel.4 i lamponi aggiungere il latte 10sec Vel.5 riunire il composto con la spatola e cuocere 3min 80° Vel.3. servire tiepido o freddo.

5.1.7.24 Banana Alla Vaniglia

Ingredienti: 200gr latte 1 banana media matura 1 punta di vanillina
Procedimento: Inserire nel boccale dal foro del coperchio con lame in movimento a Vel.6 la banana e continuare per 10sec aggiungere il latte e la vanillina 40sec Vel.6. Servire temperatura ambiente o freddo.

5.1.7.25 Bibita All'arancia

Ingredienti: 1 arancia pelata e privata dei semi 100gr acqua 1 cucchiaino di zucchero o miele
Procedimento: Inserire nel boccale l'arancia a spicchi: 30sec Vel.4 aggiungi lo zucchero e l'acqua 40sec Vel.6 servire subito

5.1.7.26 Porridge Inglese

Ingredienti: 1 mis. fiocchi di avena a cottura rapida 300gr di latte 1 cucchiaino di zucchero
Procedimento: Inserire tutti gli ingredienti 20sec Vel.6 e cuocere 5min 90° Vel.2 lasciare intiepidire e servire

5.1.7.27 Prima Colazione Inglese

Ingredienti: 3 cucchiai di fiocchi di riso 1 biscotto 200gr latte
Procedimento: Inserire tutti gli ingredienti 20sec Vel.6 e cuocere 3min 90° Vel.2 lasciare intiepidire e servire

5.1.7.28 Frullato Con Fiocchi Di Riso

Ingredienti: 30gr di fiocchi di riso 1 pesca sbucciata 200gr latte
Inserire nel boccale dal foro del coperchio con lame in movimento a Vel.4 i fiocchi e successivamente la pesca a pezzetti. Aggiungi il latte e cuoci 3min 100° Vel.2. A cottura ultimata riunire il composto con la spatola e amalgamare 40sec Vel.6 servire tiepido o freddo. N.B. si può sostituire la pesca con l'albicocca e fiocchi di riso con quelli ai 4 cereali.

5.1.7.29 Succo Di Frutta

Ingredienti: 3 pere mature sbucciate e private dei semi (o mele pesche o albicocche mature) 2 cucchiai di zucchero 250gr acqua un cucchiaino di succo limone
Procedimento: Inserire l'acqua e lo zucchero 3min 90° Vel.2 aggiungere la frutta e il succo di limone 20sec Vel.6 cuocere 5min 90° Vel.2 amalgama il tutto 40sec Vel.6. Servire tiepido o fresco.

5.1.8 A 24 Mesi

5.1.8.1 Pastine Fresca Per Brodo

Ingredienti: .1 uovo, 100gr farina, 20gr farina per tritare.
Procedimento: Inserire nel boccale la farina, l'uovo e impastare: 10sec. Vel.5. Inserire dal foro del coperchio con lame in movimento Vel.5 i 20gr di farina e fermare subito l'apparecchio. Versare la pastina e utilizzarla subito o lasciarla seccare su un canovaccio.

5.1.8.2 Vellutata Di Piselli

Ingredienti: 100gr piselli 100gr(1mis.)di brodo vegetale, o di brodo di carne, 50gr (1/2 mis)di latte 1 cucchiaino di olio d'oliva extravergine un pizzico di sale.

Procedimento: Inserire nel boccale tutti gli ingredienti tranne l'olio. Cuocere 12min. a 90° e Vel.2. Riunire il composto con la spatola e amalgamare il tutto: 40" Vel.6. Al momento di servire aggiungere 1 cucchiaino d'olio. Il tempo di cottura si riferisce ai pisellini novelli surgelati.

5.1.8.3 Sedano Al Forno:

Ingredienti: 100gr di sedano, 100gr di latte (1 misurino), 30gr di parmigiano, 1 cucchiaio di farina, 1 noce di burro, 1 pizzico di sale.
Procedimento: Inserire nel boccale con lame in movimento a Vel.6 il parmigiano e il sedano. Aggiungere il latte farina sale e cuocere 5' 80°vel 2 Versare il composto in una teglia piccola imburrata e gratinare in forno preriscaldato 15' 170°.

5.1.8.4 Tortino Di Spinaci

Ingredienti: 150gr spinaci sbollentati e strizzati; 60gr coniglio o tacchino; 100gr (1mis)di acqua; 100gr (1 mis) latte; 1 cucchiaio di farina; un pizzico di sale.
Procedimento: Inserire nel boccale da foro del coperchio con le lame in movimento a Vel.6 la carne. Aggiungere spinaci, farina, acqua, latte, sale e cuocere: 6min. 90°C Vel.2. Versare il composto in una piccola teglia imburrata, cospargere con il parmigiano e gratinare in forno preriscaldato: 15min. 170°C.

5.1.8.5 Carciofi Ripieni Al Forno

Ingredienti: 1 carciofo cotto intero 1/2 fetta di prosciutto cotto magro 20gr di gruviera 1 uovo sodo 50gr(1/2mis)di latte 1 ciuffo di prezzemolo un pizzico di sale.
Procedimento: Staccare le foglie esterne del carciofo e utilizzando un cucchiaio mettere da parte la polpa, eliminare la barba dal fondo e lasciarlo intero. Mettere nel boccale la polpa del carciofo, il prosciutto, il gruviera l'uovo, il latte, il prezzemolo e il sale: 30"vel 6. Riempire il fondo del carciofo con la quantità necessaria di composto. Gratinare in forno preriscaldato a 180° per 13'.
Osservazioni: con il composto avanzato si può preparare una minestrina unendo 1/2 mis. di latte, un pizzico di sale e cocendo per 5' 80° vel2

5.1.8.6 Minestra A Crudo.

Ingredienti: 350gr di brodo vegetale o di carne 1/2 patata cotta 100gr di verdure miste(sedano, carota lattuga, zucchina, pomodoro)1 cucchiaino di olio d'oliva extravergine un pizzico di sale.
Procedimento: Inserire nel boccale il brodo: 6' 100° Vel.1 Unire le verdure a pezzetti: 20" Vel.3 e 40" Vel.6.Versare e aggiungere l'olio. RAGÙ: 30gr di carne, 30gr di sedano, 30gr di carota, 100gr di pomodori pelati 1 cucchiaino di olio di oliva extravergine 1 pizzico di sale. Inserire nel boccale dal foro del coperchio con lame in movimento vel7 la carne. Aggiungere la carota, il sedano, i pomodori e il sale20" Vel.6. Cuocere 14' 90°-100° Vel.2. Terminata la cottura amalgamare tutto 40" Vel.6. Prima di servire aggiungere l'olio

5.1.8.7 Ragù

Ingredienti: 30gr. di carne; 30gr. di sedano; 30gr. di carota; 100gr. di pomodori pelati; 1 cucchiaino di olio di oliva extravergine; un pizzico di sale.
Procedimento: Inserire nel boccale dal foro del coperchio con lame in movimento a Vel.7, la carne. Aggiungere la carota, il sedano, i pomodori e il sale: 20sec. Vel.6. Cuocere: 14min. 90°-100°C Vel.2. Terminata la cottura amalgamare il tutto: 40sec. Vel.6. Prima di servire aggiungere un cucchiaino di olio.

5.1.8.8 Torta Alle Fragole

Ingredienti: 100gr fragole, un cucchiaio di farina 1 uovo 150gr di latte (1mis e mezzo). 2 cucchiai di zucchero 1 punta di vanillina.
Procedimento: Inserire nel boccale l'uovo, la farina, il latte, lo zucchero e la vanillina: 15" vel5. Cuocere 3' 80° Vel.4. Ungere una piccola teglia e disporvi le fragole a pezzetti: Versare il composto sulle fragole e mettere in forno preriscaldato a 170° per 15'
Osservazioni: si possono sostituire le fragole con altra frutta a piacere.

5.1.8.9 Merenda Alle Fragole

Ingredienti: 50gr di fragole 200gr di latte 1 cucchiaino di zucchero. **Procedimento:** Inserire nel boccale le fragole e lo zucchero: 30" Vel.6. Aggiungere il latte ed amalgamare il tutto: 40" Vel.6. Servire subito.

5.1.8.10 Torta Di Biscotti

Ingredienti: 150gr di biscotti secchi 20gr di zucchero, 20gr di caffè d'orzo 1 uovo intero, 40gr di burro

Procedimento: Inserire dal foro del coperchio con lame in movimento a vel4 i biscotti. Polverizzarli 30" Vel.Turbo e toglierli dal boccale. Inserire tutti gli altri ingredienti 20" Vel.4 Con la spatola riunire il composto e cuocere 3' 70° Vel.2. Aggiungere i biscotti tritati 30" Vel.5. Versare il composto in uno stampo grande o in piccoli stampi. Tenere in frigo per almeno 24 ore. Servire accompagnando la torta con crema inglese.

5.1.8.11 Crema Inglese

Ingredienti: 500gr di latte (5 mis.) 50gr di zucchero 1 uovo, 10gr di maizena, 1 bustina di vanillina.
Procedimento: Inserire nel boccale tutti gli ingredienti 10" Vel.4. Cuocere 10' 80° Vel.4. Servire tiepida.

5.1.8.12 Torta Di Mele

Ingredienti: 250gr di mele sbucciate, 70gr di zucchero, 3 uova 50gr (1mis.) di farina succo di un limone e scorza di mezzo limone, 1 noce di burro.
Procedimento: Inserire nel boccale 2 cucchiai di zucchero 40"vel Turbo. Togliere lo zucchero a velo e metterlo da parte. Inserire nel boccale lo zucchero rimasto e la scorza del limone 30" Vel.6. Aggiungere le mele tagliate a pezzetti, le uova, la farina e il succo del limone 30" Vel.6. Riunire il composto con la spatola e amalgamare tutto 40" Vel.6. Versare l'impasto in una teglia di 20cm di diametro imburrata e infarinata. Cuocere in forno preriscaldato a 180° per 30'. Lasciare raffreddare togliere dalla teglia e cospargere di zucchero a velo e servire.

5.1.8.13 Marmellata Di Mele

Ingredienti: 500gr di mele sbucciate e detorsolate, 200gr di zucchero il succo di un limone. **Procedimento:** Inserire nel boccale le mele a pezzetti, lo zucchero e il limone 1' Vel.Turbo. Cuocere 30' 100° Vel.3. Versare in vasetti di vetro sterilizzati e farli bollire per 10'
Osservazioni: la marmellata così ottenuta si conserva per per 2/3 settimane.

5.1.8.14 Latte Giallo

Ingredienti: 100gr di latte(1mis.)1 tuorlo d'uovo, un cucchiaino di zucchero.
Procedimento: Inserire nel boccale tutti gli ingredienti. 20" Vel.6.

5.1.8.15 Bevanda Al Cioccolato

Ingredienti: 200gr (2mis) di latte, 2 cucchiaini di cacao amaro 1 cucchiaino di zucchero.
Procedimento: Inserire nel boccale tutti gli ingredienti 20" Vel.6.
Osservazioni: se si usa il cacao dolce l'aggiunta di zucchero è facoltativa.

5.1.8.16 Gelato Di Ananas.

Ingredienti: 1 ananas medio, fresco e maturo, 200gr di zucchero, 100gr di di acqua (1 mis), succo di 2 limoni.

Procedimento: Inserire nel boccale acqua e zucchero 5' 90/100° Vel.1. Versare lo sciroppo in una ciotola e lasciare raffreddare. Inserire nel boccale dal foro del coperchio con lame in movimento Vel.6 l'ananas a pezzetti e continuare per 20". Riunire il composto con la spatola, aggiungere lo sciroppo e il succo del limone 20" Vel.6 Versare in un recipiente largo e basso e porre in freezer per 5/6 ore. Al momento di servire tagliare a tocchetti e mantecare 30" Vel.8. NOTA: si può sostituire l'ananas con altra frutta a piacere

5.1.8.17 Torta Di Albumi

Ingredienti: 50gr di farina, 25gr di zucchero, 20gr di burro morbido, 1 albume 50gr di latte 1 cucchiaino di lievito in polvere.

Procedimento: Posizionare la farfalla sulle lame e montare l'albume 2' 40° Vel.2-3. Togliere la farfalla e l'albume, inserire senza lavare il boccale lo zucchero, il burro e il latte 40" Vel.5. Riunire il composto con la spatola, aggiungere farina e lievito 30" Vel.5 Unire al composto l'albume montato a neve 30" Vel.2.Ungere una teglia di 16cm di diametro, versarvi il composto e metterla in forno preriscaldato 20' 180°.Volendo si possono aggiungere 2 cucchiaini di cacao.

5.1.8.18 Sorbettone Di Frutta Mista.

Ingredienti: 700gr di frutta mista pelata e congelata(2 mele, 1 banana, 1 arancia, 1 kiwi) 150gr di zuchero, 2 limoni sbucciati.

Procedimento: Inserire nel boccale lo zucchero 15" Vel.Turbo Aggiungere i limoni a pezzetti, 15" Vel.Turbo. Unire la frutta e mantecare 45" Vel.7, spatolando. Si consiglia di usare frutta di stagione.

5.1.8.19 Ciambelline

Ingredienti: 250gr di farina, 100gr di zucchero, 1 uovo, 450gr di latte 50gr di burro, scorzetta gialla di limone, 1 pizzico di cannella, 1 pizzico di sale. Per la doratura: 1 tuorlo, 1 cucchiaino di latte.

Procedimento: Mettere a bollire dell'acqua in un tegame largo. Inserire nel boccale con lame in movimento Vel.5 la scorzetta di limone e continuare 20". Unire tutti gli altri ingredienti 10" Vel.6. Togliere l'impasto dal boccale, formare delle ciambelline, del diametro di 4-5cm. e metterle via, via nell'acqua bollente. Appena salgono in superficie, toglierle con un mestolo forato, e disporle sulla placca del forno imburrata. Pennellare le ciambelline con uovo sbattuto, con latte e cuocerle in forno preriscaldato a 180° per 30'. La bollitura consente di conservare le ciambelline per diversi giorni. Ovviamente si possono realizzare anche evitando questo procedimento

5.1.8.20 Torta Margherita.

Ingredienti: 200gr di zucchero, 6 uova, 125gr di farina, 125gr di fecola, succo di 1/2 limone, 1 bustina di lievito, 1 bustina di vanillina, 1pizzico di sale, burro qb.

Procedimento: Inserire nel boccale lo zucchero: 20" Vel.9.Unire le uova 20" vel4. Inserire dal foro con lame in movimento vel5 la farina, la fecola, il sale, il succo di limone, e la vanillina: 40" Vel.5.Unire il lievito 10" Vel.4. Versare l'impasto in 1 teglia di 24cm imburrata e infarinata. Cuocere in forno preriscaldato a 160° per 10', a 180° per 15', e infine 15' a 200°.

5.1.8.21 Bibita Integrale

Ingredienti: 1/2 limone, 1/2 arancia sbucciati e privati dei semi, 50gr di zucchero 150gr di acqua.

Procedimento: Inserire nel boccale la frutta tagliata a pezzetti e lo zucchero 30" Vel.3 e 30"vel 9. Aggiungere l'acqua 40" Vel.6. Servire subito. La stessa bibita si può fare con altri tipi di frutta mantenendo come base il limone

5.1.8.22 Biscotti Di Pasta Frolla

Ingredienti: 300gr di farina, 50gr di zucchero, 130gr di burro, 1 uovo intero più 2 tuorli, la scorza di 1 limone, 1 pizzico di sale.

Procedimento: Inserire nel boccale la scorza del limone, lo zucchero e 100gr di farina 30" Vel.Turbo. Aggiungere la farina rimasta, le uova, il burro e il sale 25" Vel.3. Avvolgere l'impasto in carta oleata e farlo riposare in frigo per 10'.Stendere 1 sfoglia dello spessore di 1/2cm. sul piano infarinato e ritagliare tante formine a piacere. Disporle sulla placca del forno unta o su carta da forno e cuocere in forno preriscaldato a 160° per 15'. Toglierli ancora tiepidi.

5.2 Le Più Comuni Intolleranze

5.2.1 Intolleranza Al Glutine

5.2.1.1 Farina Di Riso Precotta Bimby

Ingredienti: 200gr di riso
Procedimento: inserire nel boccale il riso e polverizzare 1min Vel.Turbo tostare 30min 100° Vel.4
Osservazioni: questo metodo consente di polverizzare e tostare qualsiasi cereale.

5.2.1.2 Pastina Per Brodo

Ingredienti: 250gr di farina senza glutine 2 uova da 70 gr(se sono più piccole, mettere un poco più di acqua) 20gr di acqua 30gr di olio extravergine di oliva.
Procedimento: Inserire nel boccale tutti gli ingredienti 30" Vel.3. Togliere l'impasto dal boccale e suddiverlo in 4 salsicciotti. Inserire dal foro con lame in movimento Vel.4 per 6/7" uno dei salsicciotti, e fermare immediatamente l'apparecchio. Versare la pastina così ottenuta su un canovaccio e ripetere l'operazione fino ad esaurimento dell'impasto.
Osservazioni: facendo asciugare bene la pastina, si può conservare per alcuni giorni.

5.2.1.3 Impasto Per Pane

Ingredienti: 350gr di farina senza glutine, 150gr di acqua e 150gr di latte, 1 bustina di lievito consentito dalla dieta (14gr)1 cucchiaio di olio d'oliva extravergine 1 pizzico di zucchero, sale q.b.
Procedimento: Inserire nel boccale acqua, latte e lievito 2' 40° Vel.3.Aggiungere farina, sale, zucchero e olio 30" Vel.4 poi 1' Vel.spiga. Con la spatola togliere l'impasto e porlo a lievitare per almeno 1 ora in luogo tiepido. Terminata la lievitatura con le mani infarinate formare dei piccoli panini della forma desiderata. Disporre su una teglia da forno precedentemente unta e fare lievitare ancora in forno preriscaldato a 30° fino a quando avranno raddoppiato il loro volume. Togliere i panini dal dorno e coprirli con 1 canovaccio mentre si preriscalda il forno a 200°. Cuocere per 35' circa.

5.2.1.4 Impasto Per La Pasta Fresca

Ingredienti: 200gr farina senza glutine, 2 uova, 1 cucchiaio di olio di oliva extravergine, sale q.b.
Procedimento: Inserire nel boccale tutti gli ingredienti 30" Vel.4, poi 40" Vel.spiga. Togliere l'impasto ottenuto, tirarlo a sfoglia e tagliarlo a piacere.
Osservazioni: la compattezza dell'impasto dipende dalla dimensione delle uova.

5.2.1.5 Torta Di Mele

Ingredienti: 4mis di farina senza glutine, 3 mele renette (400 gr) 100gr di zucchero, 1 fialetta di essenza di limone, 3uova, 3 cucchiai di olio extravergine di oliva, 100gr di latte 1 bustina di lievito consentito burro e zucchero q.b. per cospargere la torta.

Procedimento: Posizionare la farfalla e inserire nel boccale lo zucchero, l'essenza del limone e le uova: 4' Vel.2. Senza fermare l'apparecchio, aggiungere dal foro con lame in movimento a vel1 olio, latte, farina e lievito. Portare a Vel.2 e continuare a lavorare fino ad arrivare ad un tempo totale di 8'.Nel frattempo sbucciare le mele e tagliarle a spicchi. Imburrare 1 teglia di 20.22cm di diametro, versarvi il composto e sistemare le fette di mela a raggiera. Cospargere di zucchero e fiocchetti di burro. Cuocere in forno preriscaldato a 180° per 40' circa. Lasciar riposare la torta in forno spento per 5' prima di toglierla.

5.2.1.6 Camille Bimby

Ingredienti: 250gr di carote, 120gr di zucchero, 100gr di farina senza glutine, 1 bustina di lievito consentito(10gr), 50gr di mandorle sbucciate, 2 uova piccole scorza di limone.

Procedimento: Inserire nel boccale mandorle, zucchero e scorza di limone, 20" Vel.Turbo. Aggiungere dal foro del coperchio con lame in movimento Vel.8 le carote a pezzetti. Portare a Vel.Turbo per 25". Riunire il composto con la spatola e unire le uova: 5" Vel.4. Sempre dal foro del coperchio e lame in movimento introdurre farina e lievito: 30" Vel.7. Ungere 6 pirottini di carta, riempirli per metà e cuocerli in forno caldo a 180° per 30' circa.

Osservazioni: la stessa ricetta si può eseguire sostituendo la farina senza glutine con 100gr di fecola e 50gr di farina di mais, ottenendo un risultato migliore. Comunque le Camille si mantengono morbide per diversi giorni

5.2.1.7 Mousse Di Mele Verdi

Ingredienti: 3 mele verdi con la buccia 30gr di fecola di patate 100gr di zucchero succo di un limone.

Procedimento: Inserire nel boccale tutti gli ingredienti 30" Vel.7. Riunire il composto con la spatola e cuocere 7' 90° Vel.2. Terminata la cottura amalgamare il tutto 40" Vel.6. Versare in coppette e porre in frigorifero.

5.2.1.8 Gelatina Di Frutta

Ingredienti: 300gr di succo di arancia e di 1 limone 200gr di mele renette sbucciate 2 cucchiaini di miele d'acacia, 20gr di gelatina in fogli.

Procedimento: Inserire nel boccale il succo d'arancia, il limone, le mele a pezzetti e il miele.30" Vel.4. Cuocere 5' 80° Vel.2. Unire la gelatina precedentemente ammollata e strizzata 2' 80° Vel.3.Terminata la cottura amalgamare il tutto 30" vel6. Versare in uno stampo inumidito e lasciare addensare in frigorifero per almeno 4 ore.

14 Contorni Per Bambini Più Grandi

13.1.1 Contorni e verdure Per Bambini Più Grandi

13.1.1.1 Piatto Di Verdure Multicolori

Ingredienti: 150gr. di patate, 150gr. di fagiolini, 150gr. di cavolfiore, 150gr. di broccoli, 150gr. di finocchi. Per la besciamella: 500gr. di latte, 40gr. di farina, 60gr. di fontina o simile, 50gr. di burro, un pizzico di noce moscata (facoltativa), sale, pepe.

Procedimento: Pulite le verdure e tagliatele a bastoncino; dividete broccoli e cavolfiore a roselline. Inserite nel boccale 600gr. d'acqua e posizionate il cestello con fagiolini, carote e i rametti dei broccoli: 8min. 100° Vel.3. Nel frattempo disponete le altre verdure nel varoma. Quando l'acqua bolle posizionate il *varoma* e continuate la cottura per 30min. temp *varoma* Vel.3. Controllate la cottura delle verdure e al termine disponetele in una pirofila alternando i colori e tenete al caldo. Eliminate l'acqua rimasta nel boccale e inserite tutti gli ingredienti per la besciamella tranne il formaggio: 7min. 90° Vel.3. A fine cottura aggiungete dal foro del coperchio il formaggio: 30sec. Vel.5. Versate la salsa sulle verdure e gratinatele in forno preriscaldate a 180° per 10 minuti. Se avete poco tempo per preparare la besciamella, potete coprire le verdure con sottilette prima di infornarle.

13.1.1.2 Gratin Di Verdure

Ingredienti: x 4\6: 60gr. di pane raffermo, un cucchiaio di rosmarino, 5 foglie di salvia, un mazzetto di prezzemolo, uno spicchio d'aglio, 200gr. di carote, 300gr. di finocchi, 100gr. di cipolle, 200gr. di cavolfiore, 200gr. di zucchine. *Per la salsa:* 200gr. di Gouda o gruviera a pezzetti, un uovo intero, 100gr. di panna, 100gr. di latte, sale, pepe.

Procedimento: Inserire nel boccale il pane a pezzi con rosmarino, salvia, prezzemolo e aglio: 30sec. Vel.turbo e mettere da parte. Inserire nel boccale 800gr. d'acqua: 10min. 100° Vel.1. Intanto pulire le verdure e tagliare a bastoncini carote e zucchine, a fettine per il lungo cipolle e finocchi, a roselline il cavolfiore. Disporle nel *varoma* avendo cura di mettere sul fondo le verdure che richiedono una cottura più lunga. Allo scadere del tempo posizionare il *varoma* e cuocere 20min. temp *varoma* Vel.1 (le verdure devono restare al dente). Versare le verdure in una pirofila da forno. Eliminare l'acqua dal boccale e inserire: formaggio, uovo, panna, latte, sale e pepe: 30sec. Vel.4. Versare la salsa sulle verdure, cospargerla col pangrattato aromatico e gratinare in forno già caldo a 200° per 15 minuti. Servire subito.

13.1.1.3 Insalata Di Tau-Fou A Vapore

Ingredienti: x 6: 150gr. di tau-fau (vedi ricetta), 200gr. di piselli surgelati, 100gr. di funghi, 2 carotine, 2 gambi di sedano, 100gr. di teste di broccoli, 4 cipollotti verdi, 100gr. di verza. *Per la salsa:* 80gr. d'olio di soia, succo di un limone, 40gr. di salsa di soia, 50gr. di arachidi sgusciate, una cipolla, 20gr. di zucchero di canna, sale, pepe.

Procedimento: Preparare le verdure tagliandole a listarelle, lasciando i fiori dei broccoletti interi. Inserire nel boccale 500gr. d'acqua e portare ad ebollizione: 5min. 100° Vel.1. Disporre le verdure nel *varoma* e nel vassoio piselli, tau-fau a tocchetti e funghi. Quando l'acqua bolle posizionare il *varoma* completo e ben chiuso sul boccale e cuocere 20min. temp *varoma* Vel.1. Terminata la cottura sistemare le verdure in un piatto da portata. Togliere l'acqua dal boccale, inserire la cipolla a spicchi, l'olio e lo zucchero: 8min. 100° Vel.1. Unire salsa di soia, succo di limone, sale, pepe e arachidi: 2min. 80° Vel.1. Aggiungere il tau-fau: 5sec. Vel.1. Condire le verdure con la salsa ottenuta e servire. Volendo arricchire l'insalata si può cuocere contemporaneamnete nel cestello 300gr. di petto di pollo a cubetti e salato. Terminata la cottura, l'acqua rimasta nel boccale sarà un ottimo brodo per un risotto.

13.1.1.4 Verdure Ripiene Al Formaggio E Fagiolini

Ingredienti: x 6: 2 piccole melanzane, un peperone rosso, un peperone giallo, 2 zucchine. *Per farcire:* 200gr. di bietole, una cipolla, 300gr. di ricotta romana, 100gr. di parmigiano, un uovo, peperoncino, maggiorana fresca, noce moscata, sale. *Per l'insalata:* 500gr. di fagiolini, 1\2 misurino di pangrattato, uno spicchio d'aglio, olio, aceto, menta, 20gr. di sale, pepe nero.

Procedimento: Tagliare le melanzane in dischi di 3 cm, scavarle a nido, salarle e metterle a sgocciolare per 30 minuti. Tagliare le zucchine a tronchetti d 3 cm e scavarle a nido. Tagliare i peperoni a metà, eliminare il torsolo e il picciolo. Cospargere di sale peperoni e zucchine. Inserire nel boccale parmigiano e maggiorana: 35sec. Vel.8 e mettere da parte. Inserire ora 400gr. d'acqua: 5min. 100° Vel.1. Unire le bietole private dei gambi, la cipolla a fettine e un pizzico di sale: 5min. 100° Vel.1. Scolare e strizzare bene le bietole, eliminare l'acqua e tritarle, inserendole nel boccale dal foro del coperchio con lame in movimento Vel.6: 20sec. Vel.6. Aggiungere ricotta, parmigiano, uova, noce moscata e peperoncino: 20sec. Vel.3 e mettere da parte. Inserire nel boccale un lt d'acqua, 20gr. di sale e posizionare il cestello: 12min. 100° Vel.1. Nel frattempo sciacquare le melanzane e farcirle insieme alle altre verdure col composto tenuto da parte, sistemare le melanzane nel varoma, contornarle con i peperoni e disporre le zucchine nel vassoio. Trascorso il tempo previsto inserire nel cestello dal foro del coperchio, i fagiolini tagliati in due e posizionare il *varoma* con le verdure: 30min. temp *varoma* Vel.1. Terminata la cottura irrorare le verdure con un filo d'olio, scolare i fagiolini, condirli ancora caldi con olio, aceto, aglio tagliato a fettine, foglioline di menta e pepe. Spolverizzare con pangrattato

13.1.1.5 Crepes Con Verdure

Ingredienti: x 8: per le crepes: 4 uova, 200gr. di farina, 500gr. di latte, 50gr. di burro morbido, sale. Per il ripieno: 200gr. di parmigiano grattugiato, 250gr. di mozzarella, 300gr. di piselli, 2 carote, 2 zucchine, 1\2 misurino d'olio, una cipolla grande, burro, sale. **Preparare le crepes:** inserire nel boccale tutti gli **ingredienti:** 20sec. Vel.4. Togliere il composto e lasciarlo riposare 30 min. **Preparare il ripieno:** inserire nel boccale la mozzarella a pezzi: 5sec. Vel.3 e mettere da parte. Senza lavare il boccale inserire un lt d'acqua: 10min. 100° Vel.1. Nel frattempo tagliare le verdure a listarelle e mettere carote e piselli nel *varoma* e le zucchine nel vassoio. Quando l'acqua bolle posizionare il *varoma* sul boccale: 20min. temp *varoma* Vel.1. Con l'impasto preparare le crepes molto sottili. Terminata la cottura eliminare l'acqua dal boccale ed inserire olio e cipolla: 5min. 100° Vel.4. Aggiungere le verdure già cotte e il sale: unmin. Vel.1 spatolando. unire la mozzarella e 3\4 del parmigiano: 30sec. Vel.1. Riempire le crepes col composto, piegarle a ventaglio e disporle in una pirofila unta. Cospargere col rimanente parmigiano e fiocchi di burro. Gratinare in forno a 200° per 10 min. Sono ottime anche cosparse con un sugo di pomodoro che potrete cuocere contemporaneamente alle verdure nel boccale.

13.1.1.6 Patate Novelle E Rape In Salsa

Ingredienti: x 6: 750gr. di patate novelle tagliate a tocchi, 600gr. di rape tagliate a fette. Per la salsa: 500gr. di latte, 80gr. di emmental, 30gr. di burro, 1\2 cucchiaino di pepe, 3 cucchiai di farina, 1\2 cucchiaino di sale, noce moscata.

Procedimento: Disporre le patate nel *varoma* e le rape nel cestello. Inserire nel boccale 700gr. d'acqua salata, posizionare il cestello con le rape e cuocere 35min. temp *varoma* Vel.2. Dopo 10 minuti posizionate il *varoma* con le patate e continuare la cottura. Al termine togliere *varoma* e cestello e tenere al caldo le verdure. Preparare la salsa: eliminare l'acqua dal boccale e inserire tutti gli **ingredienti:** 5sec. Vel.8 e 6min. 90° Vel.4. Disporre le patate e le rape in un piatto da portata, cospargerle con la salsa e servire.

13.1.1.7 Insalata Tricolore

Ingredienti: x 6: 300gr. di maccheroncini, 400gr. di pomodori San Marzano, 400gr. di zucchine, 10 olive snocciolate, 100gr. d'olio, 15gr. di senape, sale.

Procedimento: Inserire nel boccale un lt d'acqua salata e portare ad ebollizione: 10min. 100° Vel.1. Intanto pulire e sistemare nel *varoma* le zucchine a listarelle e nel vassoio i pomodori a fettine e le olive. Chiuderlo bene e posizionarlo sul boccale: 30min. *varoma* Vel.1. Negli ultimi 10 minuti o più, a seconda del tempo di cottura della pasta, inserire nel boccale i maccheroncini e terminare la cottura. Scolare la pasta col cestello e passare tutto sotto un getto d'acqua fredda. Disporre la pasta in un piatto da portata, aggiungere le verdure, poco olio, mescolare e lasciar raffreddare. Inserire nel boccale l'olio rimasto, la senape e sale: 30sec. Vel.5. Condire e servire. E' un piatto unico fresco e colorato.

13.1.1.8 Patate E Broccoli In Salsa Verde

Ingredienti: x 6: 600gr. di broccoli, 750gr. di patate. Per la salsa: 100gr. di prezzemolo (lavato e ben asciugato), 6 filetti d'acciughe, 1\2 spicchio d'aglio, un cucchiaio di capperi, 2 tuorli d'uovo sodo, 8 olive verdi snocciolate, 180gr. d'olio, 2 cucchiai d'aceto, mollica di un panino, sale.

Procedimento: Preparare la salsa: inserire nel boccale aceto e mollica: 5sec. Vel.6. Unire tutti gli altri ingredienti tranne l'olio: 30sec. Vel.8. Aggiungere l'olio: 10sec. Vel.3 e mettere da prate. Lavare e tagliare a roselline i broccoli e sistemarli nel vassoio del varoma. Inserire nel boccale 500gr. d'acqua: 7min. 100° Vel.1. Intanto pelare, lavare e tagliare a spicchi le patate e disporle nel varoma. Quando l'acqua bolle posizionare il *varoma* sul boccale e cuocere 30min. *varoma* Vel.1. Disporre le verdure su un piatto, condirle con la salsa e servirle calde. Se volete, potete preparare nel boccale contemporaneamente alle verdure un buon minestrone o un sughetto di pomodoro.

13.1.1.9 Patate Novelle Al Pecorino

Ingredienti: X 6: 24 patate novelle piccole, anche surgelate, 100gr. di pecorino sardo grattugiato, 10 olive nere di Gaeta snocciolate, 2 cucchiai di capperi, un cucchiaio di foglie di timo fresche, due cucchiaini di origano secco, 10 foglie di basilico, un cipollotto (facoltativo), succo di 1\2 limone, 80gr. d'olio, pepe nero macinato fresco.

Procedimento: Lavare le patate, se fresche, e metterle nel varoma. Inserire nel boccale capperi, olive, basilico e timo: 10sec. Vel.4. Aggiungere succo di limone, origano, olio e pepe: 10sec. Vel.5 e mettere da prate. Senza lavare il boccale mettere un litro d'acqua e portare ad ebollizione: 10min. 100° Vel.1. Quando l'acqua bolle posizionare il varoma: 25min. *varoma* Vel.1. A cottura ultimata tagliare in 4 le patate e sistemarle in un piatto da portata, ricoprirle col pecorino, condirle con la salsina preparata, pepe macinato fresco e servire con i filetti di merluzzo, o altro pesce, cotti contemporaneamente nel vassoio del Varoma.

13.1.1.10 Broccoli Alle Olive

Ingredienti: X 6: 800gr. di broccoletti puliti, 4 cucchiai di uvetta (facoltativa), 4-5 filetti d'acciughe sott'olio, 100gr. di olive nere snocciolate (o 3 cucchiai di patè d'olive), 1\2 misurino di succo di limone, 90gr. d'olio, sale, pepe.

Procedimento: Inserire nel boccale olio, succo di limone, olive (o patè), acciughe, sale, pepe: 20sec. Vel.4 e mettere da prate. Inserire nel boccale un litro d'acqua e portare ad ebollizione: 10min. 100° Vel.1. Intanto mondare i broccoletti, tagliare le cime e sistemarle nel varoma. Quando l'acqua bolle posizionare il *varoma* e cuocere: 30min. *varoma* Vel.1. Trasferire i broccoletti in un'insalatiera, condirli con la salsina tenuta da prate, guarnirli con l'uvetta, mescolare e servire.

13.1.1.11 Sformato Di Cipolle Al Vapore

Ingredienti: 200gr. di cipolle, 3 uova, un pomodoro, 30gr. di latte, 10gr. di dado vegetale bimby, 10gr. di zucchero, sale, pepe, 30gr. di parmigiano grattugiato.

Procedimento: Tagliate a spicchi le cipolle e inseritele nel boccale col pomodoro: 3sec. Vel.4. Unite uova, zucchero, dado e parmigiano, latte, sale e pepe: unmin. Vel.2. Versate il composto ottenuto in uno stampo d'alluminio imburrato e mettetelo nel varoma. Inserite nel boccale un litro d'acqua e fate bollire: 10min. 100° Vel.1. Posizionate il *varoma* e cuocete: 40min. *varoma* Vel.1. Lasciate intiepidire, sformate e servite.

A vostro piacere lo sformato si può fare con pomodori, zucchine, peperoni, ecc..

13.1.1.12 Sformato Di Cavolfiori

Ingredienti: X 8: 600gr. di cavolfiore, 200gr. di latte, 3 uova, un cucchiaino di maizena, 4 cucchiai di capperi sott'aceto, 8 olive nere snocciolate, 1\2 cucchiaio d'olio, sale, peperoncino in polvere.

Procedimento: Inserire nel boccale uova, maizena, latte e sale: 30sec. Vel.3. Togliere e mettere da prate in una ciotola. Inserire nel boccale un lt d'acqua: 10min. 100° Vel.2. Intanto disporre le cimette di cavolfiore nel varoma. Posizionare il *varoma* sul boccale: 15min. *varoma* Vel.1. Spennellare uno stampo di stagnola rettangolare d'olio e inserire le cimette di cavolfiore precedentemente condite con i capperi sgocciolati, le olive a rondelle, sale e peperoncino. Versare la salsa sul cavolfiore. Riposizionare il *varoma* con lo stampo e cuocere: 20min. *varoma* Vel.1. Togliere il coperchio del *varoma* e proseguire la cottura altri 5min. *varoma* Vel.1. Lasciare intiepidire, sformare e servire. Al posto dell'acqua, nel boccale si può preparare un minestrone e, o, cuocere nel cestello altre verdure come carote, fagiolini, da servire come contorno colorato allo sformato.

13.1.1.13 Asparagi Con Patate E Salsa Olandese

Ingredienti: x 4: 650gr. di patate piccole novelle, 1 kg asparagi. *Per la salsa:* 4 tuorli, 100gr. di burro, 1\2 misurino di panna, 2 cucchiai di succo di limone, sale, pepe.

Procedimento: Lavare bene le patate senza sbucciarle e metterle nel cestello. Inserire nel boccale 700gr. d'acqua e posizionare il cestello con le patate: 35min. *varoma* Vel.1. Disporre nel *varoma* le punte degli asparagi e dopo 12min. posizionarlo sul boccale e continuare la cottura. Al termine togliere *varoma* e cestello, eliminare l'acqua e sciacquare bene il boccale. Preparare la salsa: inserire tutti gli ingredienti nel boccale: 4min. 60° Vel.4. Disporre patate e asparagi in un piatto da portata e servirli con la salsa. Prosciutto crudo o cotto possono completare bene questo piatto.

13.1.1.14 Terrina Di Asparagi Ed Erbette

Ingredienti: x 6: 600gr. di grossi asparagi, 200gr. di erbette novelle (bietole), 3 uova, un cucchiaio di erba cipollina, 1\2 cucchiaio d'olio, sale, pepe macinato al momento.

Procedimento: Togliere la parte legnosa degli asparagi e sbucciare il gambo. Lavare le erbette. Inserire nel boccale l'erba cipollina e tritarla: 2sec. Vel.turbo. Aggiungere le uova: unmin. Vel.4 e mettere da aprte. Portare ad ebollizione 500gr. d'acqua: 8min. 100° Vel.1. Quando l'acqua bolle posizionare il *varoma* con gli asparagi, il vassoio con le erbette e cuocere: 10min. *varoma* Vel.1. Lasciare intiepidire le verdure, salare e pepare. Distribuire 1\3 delle foglie di erbette sul fondo di uno stampo d'alluminio della capcità di un litro, unto d'olio. Aggiungeree un primo strato d'asparagi e un pò delle uova precedentemente sbattute; coprire con 1\3 delle erbette, gli asparagi rimasti e le uova rimaste, terminare con uno strato di erbette. Coprire con un foglio d'alluminio. Nel frattempo portare ad ebollizione 500gr. d'acqua: 8min. 100° Vel.1, posizionare il *varoma* con la terrina preparata e cuocere 25min. *varoma* Vel.1. Lasciare intiepidire, sformare, tagliare in grosse fette e servire con un battuto di pomodoro fresco.

13.1.1.15 Ventagli Di Melanzane

Ingredienti: x 4: 250gr. di riso integrale, 2 melanzane medio\piccole, 2 pomodori maturi e sodi, una grossa cipolla, 2 spicchi d'aglio, una foglia d'alloro, timo, maggiorana, pinoli, foglie di basilico, olio, sale, pepe. *Per le schiacciatine:* 100gr. di speck, 100gr. di ricotta romana, 1\2 misurino di pangrattato, 1\2 misurino di parmigiano grattugiato, un uovo, pepe, sale.

Procedimento: Sbucciare le melanzane, tagliarle a fette di un cm, salarle e metterle in un colapasta per un'ora, per fargli perdere l'acqua. Mescolare in una ciotolina sale, pepe, timo, maggiorana e alloro spezzettato e tenere da parte. Inserire nel boccale, dal foro del coperchio con lame in movimento Vel.5, cipolla e aglio: 10sec. Vel.5. lavare bene le fette di melanzane, tagliarle in lunghezza lasciandole attaccate sul fondo dalla parte del gambo, formando così dei ventagli. Farcire i ventagli fra le listarelle col trito di cipolla, disporli nel varoma, irrorarli con l'olio, cospargerli con fettine di pomodoro, col rimanente trito e col sale aromatizzato. Preparare le schiacciatine: inserire nel boccale, dal foro del coperchio con lame in movimento Vel.5, lo speck: 20sec. Vel.5. Aggiungere tutti gli altri **ingredienti:** 20sec. Vel.6. Con l'impasto ottenuto formare delle piccole ruote schiacciate e disporle nel vassoio del *varoma* unto. Senza lavare il boccale inserire un litro d'acqua e posizionare il cestello col riso: 40min. *varoma* Vel.2. Dopo 15min. aggiungere 2 misurini d'acqua calda, posizionare il *varoma* completo sul boccale e continuare la cottura. A cottura ultimata adagiare il riso in un piatto caldo, disporre i vantagli di melanzane, le schiacciatine e irrorare con olio crudo. Decorare con fettine di pomodoro crudo, foglie di basilico e pinoli.

13.1.1.16 Asparagi Con Burro Al Limone

Ingredienti: x 6: 1 kg di asparagi, 6 uova fresche a temp ambiente. *Per la salsa:* 100gr. di burro morbido, succo e scorza grattugiata di un limone, un mazzetto di cerfoglio, sale e pepe bianco macinato al momento.

Procedimento: Preparare la salsa: inserire nel boccale la scorza grattugiata del limone e il burro: 50sec. Vel.3 fino ad ottenere un composto morbido e spumoso. Unire il succo del limone, sale, pepe, cerfoglio tagliato sottile: 20sec. Vel.3 e mettere da parte. Inserire ora nel boccale un lt d'acqua e portare ad ebollizione: 12min. 100° Vel.1. Nel frattempo pulire gli asparagi, togliere le parti legnose e distribuirli nel varoma. Quando l'acqua bolle, posizionare il *varoma* sul boccale e cuocere: 20min. *varoma* Vel.1. Lavare le uova e a 10min. dalla fine della cottura sistemarle nel *varoma* intere. A cottura ultimata sgusciare le uova e sistemarle con gli asparagi in un piatto da portata, versarvi sopra la salsa affinchè si sciolga e servire subito.

13.1.1.17 Finocchi Ripieni Di Formaggio

Ingredienti: x 4: 4 finocchi piccoli con molta barba, 150gr. di gorgonzola, 2 cucchiai di gherigli di noce, sale, pepe.
Procedimento: Inserire nel boccale la barba dei finocchi e i gherigli di noce: 20sec. Vel.6 e mettere da parte in una ciotola. inserire nel boccale un lt d'acqua: 10min. 100° Vel.1. Disporre i finocchi lavati e tagliati in due nel *varoma* e quando l'acqua bolle posizionarlo sul boccale: 40min. *varoma* Vel.1. Al termine della cottura salare, scavare i finocchi lasciando intatta la parte esterna: amalgamare la parte scavata al gorgonzola e con questo composto riempire i finocchi e metterli nuovamente in cottura nel varoma: 10min. temp *varoma* Vel.1. Servirli subito cospargendoli col trito messo da parte e il pepe macinato al momento.

13.1.1.18 Insalata Di Pasta E Funghi

Ingredienti: x 4: 50gr. di salsa di soia, 50gr. di olio di soia o d'oliva, succo di 2 limoni, 30gr. basilico, 30gr. prezzemolo, 300gr. finghi misti, 300gr. di pasta corta, sale, pepe.
Procedimento: Inserire nel boccale olio, prezzemolo, basilico, salsa di soia e succo di limone: 30sec. turbo. Versare la salsa in una zuppiera. Disporre i funghi lavati e tagliati nel varoma, salare e pepare. Inserire nel boccale un lt d'acqua: 10min. 100° Vel.1. Quando l'acqua bolle posizionare il *varoma* sul boccale: 15min. *varoma* Vel.1. Togliere il *varoma* e versare i funghi nella salsa e lasciar raffreddare. Dal foro del coperchio versare la pasta nel boccale e cuocere per il tempo indicato sulla confezione a 100° Vel.1. Scolarla e versarla nella zuppiera sui funghi e la salsa, mescolare bene e servire decorando con basilico fresco.

13.1.1.19 Funghi Marinati Al Pepe Verde

Ingredienti: x 6: 500gr. di champignon bianchi, un limone non trattato, 50gr. di olio, un mazzo di prezzemolo, un cucchiaio di pepe verde conservato al naturale, sale.
Procedimento: Inserire 500gr. d'acqua nel boccale: 7min. 100° Vel.1. Pulire i funghi e affettarli 1\2 cm. Adagiare nel *varoma* uno strato di prezzemolo, disporvi i funghi e, quando l'acqua bolle, posizionare il *varoma* sul boccale: 5min. *varoma* Vel.1. Togliere i funghi, asciugarli con un panno e metterli in una ciotola. Lavare e asciugare bene il boccale. Inserire ora dal foro del coperchio con lame in mov Vel.8, pepe verde e prezzemolo: 10sec. Vel.8. Unire il succo e la scorza grattugiata di 1\2 limone, sale e 3 cucchiai d'olio: 5sec. Vel.6. Versare il condimento sui funghi e lasciarli marinare al fresco qualche ora prima di servirli.

13.1.1.20 Canederli Della Boemia

Ingredienti: x 4: 350gr. di farina bianca, un panino secco a cubetti, 200gr. d'acqua, 20gr. di lievito di birra, 80gr. di parmigiano grattugiato, 50gr. di burro, un cucchiaino di sale.
Procedimento: Inserire nel boccale acqua e lievito di birra: 30sec. 40° Vel.3. Aggiungete i cubetti di pane, la farina bianca e il sale: 20sec. Vel.6 e 45sec. Vel.spiga. Togliere l'impasto dal boccale e lascar lievitare 30min. in un luogo tiepido. Con l'impasto ottenuto formare una pagnotta ovale e metterla al centro del *varoma* avendo cura di lasciar libere le fessure. Inserire nel boccale un lt d'acqua: 10min. 100° Vel.1. Quando l'acqua bolle posizionare il *varoma* sul boccale: 15min. *varoma* Vel.1. Al termine tagliare il grosso canederlo in fette di 1\2 cm di spessore, cospargerle col parmigiano, fiocchi di burro e far gratinare in forno preriscaldato per 10 minuti.

13.1.1.21 Spinaci Alla Crema Con Maggiorana

Ingredienti: x 4: 1 kg di spinaci freschi, 150gr. di panna acida o yogurt, 2 cucchiai di foglie di maggiorana fresca, sale, pepe bianco macinato al momento.
Procedimento: Lavare bene gli spinaci e disporli nel varoma. Inserire nel boccale 500gr. d'acqua e portare ad ebollizione: 8min. 100° Vel.1. Posizionare il *varoma* sul boccale e cuocere: 20min. *varoma* Vel.1. Terminata la cottura disporre gli spinaci in una legumiera. Eliminare l'acqua dal boccale e inserire panna, sale, pepe e maggiorana: 3min. 70° Vel.4. Condire con questa salsina gli spinaci, mescolare delicatamente e servire. La panna si può sostituire con la stessa quantità di yogurt.

13.1.1.22 Pate' Di Spinaci

Ingredienti: x 8: 250gr. di pangrattato, 500gr. di spinaci, una foglia di basilico e una d'alloro, 300gr. di yogurt, 100gr. di noci, 30gr. di maizena, pepe. Per guarnire: pomodoro, maionese.
Procedimento: Inserire nel boccale yogurt e spinaci: 10min. 100° Vel.1. Terminata la cottura portare lentamente a Vel.turbo per un minuto (Se si utilizzano spinaci surgelati portare la cottura a 20 minuti) Unire tutti gli altri ingredienti tranne le noci: 3min. Vel.spiga spatolando, fino ad ottenere un composto omogeneo. Aggiungere le noci: 30sec. Vel.4 e mettere da parte. Lavare il boccale ed inserire un lt d'acqua: 10min. 100° Vel.1. Nel frattempo dividere il composto in due parti e arrotolarlo nella pellicola trasparente dando la forma di un salame. Disporre i due rotoli ottenuti nel *varoma* e quando l'acqua bolle posizionarlo sul boccale: 50min. *varoma* Vel.1. Terminata la cottura lasciar raffreddare i rotoli e porli in frigo per una notte. Servire il patè tagliato a fette di 1 cm e gurnirlo a piacere con fettine di pomodoro e ciuffetti di maionese.

13.1.1.23 Sformato Di Carote

Ingredienti: x 6: 700gr. di carote pulite, 50gr. di cipolla, 70gr. di parmigiano grattugiato, 100gr. di panna, 4 uova, noce moscata grattugiata, burro per imburrare, 4 pomodori maturi pelati e strizzati, un cucchiaino di foglie di timo, 20gr. d'olio, sale, pepe.
Procedimento: Inserire nel boccale 1\2 lt d'acqua: 6min. 100° Vel.1. Intanto disporre nel *varoma* la cipolla a fette e le carote divise in 4 nel senso della lunghezza. Posizionare il *varoma* quando l'acqua bolle: 20min. *varoma* Vel.3 e far raffreddare. Eliminare l'acqua e porre nel boccale asciutto panna, uova e parmigiano: unmin. Vel.4. Aggiungere la verdura cotta, sale, pepe e noce moscata: 20sec. Vel.4 evunmin. turbo, spatolando. Versare il composto in una vaschetta d'alluminio (1 lt) imburrata, coprire con un foglio d'alluminio e mettere nel varoma. Inserire nel boccale 700gr. d'acqua: 7min. 100° Vel.1, posizionare il varoma: 30min. *varoma* Vel.1. A 10min. dal termine togliere l'alluminio. Lasciar raffreddare orima di sformare in un piatto da portata. Inserire ora nel boccale i pomodori, sale, pepe e timo: unmin. turbo, aggiungere l'olio: 20sec. Vel.2. Cospargere lo sformato con la salsina. Con lo stesso procedimento is può fare lo sformato di zucca.

13.1.1.24 Pisellini Alla Cannella

Ingredienti: x 4: 450gr. di pisellini surgelati o freschi, 2 scalogni, 20gr. di burro, un cucchiaio di yogurt intero (facoltativo), cannella in polvere, sale, pepe nero appena macinato.

Procedimento: Inserire nel boccale dal foro del coperchio con lame in movimento Vel.6 gli scalogni puliti: 15sec. Vel.6. Togliere e mettere da parte. Senza lavare il boccale inserire un lt d'acqua: 10min. 100° Vel.1. Disporre nel *varoma* i pisellini e gli scalogni tritati. Quando l'acqua bolle posizionare il varoma: 30min. *varoma* Vel.1. A cottura ultimata trasferire i pisellini in una pirofila precedentemente riscaldata sul coperchio del varoma. Unire il burro a pezzetti, eventualmente lo yogurt, sale, pepe e due prese di cannella. Servire i piselli come contorno a piatti di carne o pesce al vapore.

13.1.1.25 Purea Di Zucchine

Ingredienti: x 6: 6 zucchine, 4 spicchi d'aglio, 40gr. d'olio, un limone, 150gr. di formaggio feta o primo sale, 20 olive verdi, un cucchiaino d'origano, un cucchiaino di cumino, sale, pepe.

Procedimento: Portare ad ebollizione 500gr. d'acqua: 5min. 100° Vel.1. Disporre le zucchine nel *varoma* tagliate a bastoncino con gli spicchi d'aglio schiacciati, ma non sbucciati, e quando l'acqua bolle posizionare il varoma: 10min. *varoma* Vel.1. Eliminare l'acqua dal boccale e lasciare scolare le zucchine. Inserire olio, limone, sale e pepe: 10sec. Vel.4. Aggiungere zucchine, origano e cumino: 30sec. Vel.4, dando contemporaneamente due colpi di turbo. Trasferire la purea in un piatto fondo e decorare con i rebbi di una forchetta. Sistemare il formaggio a bastoncini e le olive intorno e servire con crostini caldi. Nel cestello, volendo, si possono cucinare contemporaneamente verdure a dadini, oppure nel boccale preparare un risotto o un minestrone, posizionando il *varoma* negli ultimi 10 minuti della cottura prevista.

13.1.1.26 Insalata Di Lenticchie

Ingredienti: x 4: 400gr. di lenticchie lessate, un cipollotto, un mazzetto di rucola, un cucchiaino di cumino in polvere, 4 cucchiai di succo di limone, 4 cucchiai d'olio, sale, pepe.

Procedimento: Inserire nel boccale 500gr. d'acqua e portare ad ebollizione: 5min. 100° Vel.1. Nel frattempo sciacquare bene le lenticchie, sgocciolarle e disporle nel varoma. Posizionare il *varoma* quando l'acqua bolle: 10min. *varoma* Vel.1. Nel frattempo lavare e asciugare la rucola e affettarle finemente col cipollotto. Mettere le verdure preparate in un'insalatiera. Appena le lenticchie sono calde, mescolarle alle verdure crude. Condire subito con olio, sale, pepe, succo di limone e cumino.

13.1.1.27 Insalata Di Crauti Al Munster

Ingredienti: x 4: un piccolo cavolo cappuccio, un cucchiaio d'aceto, 4 cucchiai d'olio, un cucchiaio di semi di cumino in polvere, 250gr. di Munster (o Taleggio), sale e pepe macinato al momento.

Procedimento: Preparare la vinaigrette inserendo nel boccale 2 cucchiai d'olio, l'aceto e un pizzico di sale: 5sec. Vel.5 e mettere da parte. Inserire nel boccale 750gr. d'acqua e portarla ad ebollizione: 10min. 100° Vel.1. Tagliare il cavolo finemente dopo averlo pulito ed eliminato la parte del torsolo più dura, cospargerlo con il cumino in polvere, il sale e disporlo nel varoma. Quando l'acqua bolle, posizionare il varoma: 20min. *varoma* Vel.1. Negli ultimi 5min. posizionare nel *varoma* il vassoio col formaggio a dadini. A cottura ultimata disporre il cavolo in un piatto, aggiustare di sale, pepe, condire con la vinaigrette precedentemente preparata e il formaggio fuso. Questa insalata va servita calda.

13.1.1.28 Zucchine In Fiore Ripiene

Ingredienti: x 4: 12 piccole zucchine col fiore, un misurino di riso cotto al vapore, 200gr. di porcini freschi (o funghi di coltura), 1\2 spicchio d'aglio schiacciato, un cucchiaio di basilico e prezzemolo triatati, olio, parmigiano a scaglie, sale, pepe. **Per la salsa al dragoncello**: 150gr. di panna fresca, un cucchiaino di succo di limone, un cucchiaio di dragoncello tritato fine, 30gr. di burro, sale, pepe.

Procedimento: Mondare i porcini, inserirli nel boccale e tritarli grossolanamente con l'aglio, gli aromi, sale e pepe: 30sec. Vel.6. Aggiungere questo condimento al riso e con la farcia riempire i fiori delle zucchine. Disporre le zucchine col fiore attaccato nel vassoio del varoma. Portare ad ebollizione un lt d'acqua: 10min. 100° Vel.1. Quando l'acqua bolle posizionare il varoma: 25min. *varoma* Vel.1. A fine cottura trasferire con delicatezza le zucchine in un piatto da portata, cospargerle con scaglie di parmigiano e irrorarle con un filo d'olio. Preparare la salsa al dragoncello: Inserire la panna nel boccale: 5min. 90° Vel.1. Aggiungere tutti gli altri ingredienti e mescolare: 30sec. Vel.2. Versare la salsa calda sulle zucchine e servire. Sono ottime anche fredde.

13.1.1.29 Zucchine Alla Menta

Ingredienti: X 4: 800gr. di zucchine novelle, succo di 1\2 limone, poche foglie di menta fresca, un cucchiaio d'aceto rosso, 30gr. d'olio, sale, pepe nero appena macinato.

Procedimento: Inserire nel boccale 500gr. d'acqua: 10min. *varoma* Vel.1. Intanto lavare e spuntare le zucchine, tagliarle in 4 nel senso della lunghezza e poi a bastoncini e disporle nel varoma. Quando l'acqua bolle posizionare il varoma: 20min. *varoma* Vel.1. Terminata la cottura disporre le zucchine in un'insalatiera ed eliminare l'acqua rimasta. Inserire ora nel boccale limone, aceto, sale, pepe, menta e olio: 20sec. Vel.3. Versare la salsetta sulle zucchine e servirle fredde. E' un ottimo piatto estivo.

13.1.1.30 Porri In Salsa D'acciughe

Ingredienti: X 6: 12 porri medi, 4 acciughe, 30gr. di capperi, 70gr. d'olio, un cucchiaio colmo d'aceto, sale, pepe. **Preparare la salsa:** inserire nel boccale dal foro del coperchio con lame in movimento Vel.5, acciughe e capperi: 10sec. Vel.5. Aggiungere l'aceto e l'olio versandolo a filo sul coperchio, tenendo il misurino inclinato: 20sec. Vel.6. Svuotare il boccale e, senza lavarlo, inserire 700gr. d'acqua e portarla ad ebollizione: 10min. 100° Vel.1. Sistemare i porri nel varoma, salare, pepare e quando l'acqua bolle posizionarlo sul boccale: 30min. *varoma* Vel.1. Versare un fondo di salsa in ogni piatto, disporre i porri tagliati a metà, nel senso della lunghezza e servire subito.

13.1.1.31 Valigini Di Verza

Ingredienti: x 6: 6 foglie di verza, 100gr. di mortadella, 300gr. di carne tritata, 50gr. di parmigiano grattugiato, 100gr. di latte, un ciuffo di prezzemolo, un uovo, 50gr. di pangrattato, noce moscata, 1\2 spicchio d'aglio, sale. Per il sugo: 400gr. di passata di pomodoro, un misurino d'acqua, 50gr. d'olio, una cipolla piccola, basilico, sale, pepe.

Procedimento: Scegliere foglie della stessa misura, sbollentarle in acqua salata, scolarle e adagiarle su un canovaccio pulito. Togliere delicatamente la costa dura, dividerle a metà e allinearle sul piano di lavoro. Intanto preparare il ripieno inserendo nel boccale pangrattato, prezzemolo, aglio e mortadella: 20sec. Vel.5. Aggiungere carne, uovo, parmigiano, latte, noce moscata e sale: 30sec. Vel.3. Distribuire su ogni foglia un po' di ripieno e arrotolarle in modo da racchiuderlo all'interno, formando così un valigino. Sistemarli nel varoma. Inserire nel boccale olio e cipolla: 3min. 100° Vel.4. Aggiungere la passata, un misurino d'acqua, basilico e sale: 30min. *varoma* Vel.1. Dopo 8 minuti posizionare il *varoma* sul boccale e continuare la cottura. Disporre i valigini in un piatto da portata e servirli accompagnati dal sugo di pomodoro.

13.1.2 Carni e uova

13.1.2.1 Petto Di Pollo In Cartoccio Di Verza Con Purea Di Patate

Ingredienti: 4 foglie di verza; 350gr. di petto di pollo o tacchino; 250gr. di funghi champignon freschi; 1 ciuffetto di prezzemolo; 1 cipolla novella o scalogno; 30gr. di olio; 1 uovo; 50gr. di parmigiano, sale e pepe q.b.
Per la purea: 800gr. di patate farinose; 250gr. di latte; 30gr. di burro; 1 cucchiaino di sale; noce moscata (facoltativa); 2 cucchiai di parmigiano grattugiato.
Procedimento: Lavare e sbollentare le foglie di verza, asciugarle e tagliare con un coltello affilato il dorso duro senza rompere la foglia. Inserire nel boccale olio e cipolla: 3' 80° vel. 4. Aggiungere pane e prezzemolo: 10 sec. vel. 6. Unire funghi e parmigiano: 5 sec. vel. 4. Aggiungere uovo, sale e pepe: 10 sec. vel. 2. Ricavare dal petto di pollo 4 fettine sottili, salarle e peparle. Mettere al centro di ogni foglia un poco di ripieno, coprire con le fettine di pollo e un altro po' di ripeno. Chiudere a pacchetto e arrotolare formando degli involtini; disporli nel *Varoma* con la chiusura sul fondo. Inserire nel boccale 700gr. di acqua, 1 cucchiaino di sale e posizionare il cestello: 6' 100° Vel.1. Quando l'acqua bolle posizionare il *Varoma* sul boccale: 30' temp. *Varoma* vel.2. Sbucciare le patate, tagliarle a grossi cubetti e dopo 15' inserirle nel cestello dal foro del coperchio; portare a vel. 4 e continuare la cottura. Al termine togliere il *Varoma* mantenendo in cldo la preparazione. Preparare la purea: estrarre il cestello, eliminare l'acqua di cottura, posizionare la farfalla e mettere nel boccale le patate cotte, e tutti gli altri ingredienti per la purea: 6 sec. vel. 3. Disporre in un piatto caldo gli involtini tagliati a fette e decorare con ciuffetti di purea. Per un tocco personale cospargete tutto con 50gr. di mandorle tritate rosolate in 2 cucchiai di burro. La verza può essere sostituita con foglie di bieta.

13.1.2.2 Casseruola Di Pollo Con Verdure E Riso

Ingredienti: x 4: 4 sopracosce di pollo (800gr. circa), 3 porri (300 g), un sedano (300 g), 2 carote, 2 piccole cipolle, sale, pepe. Per la salsa: 200gr. di liquido di cottura, un cucchiaino di dado bimby, 30gr. di burro, 40gr. di farina, 100gr. di panna, 100gr. di latte, un tuorlo, un mazzetto di erbe fresche tritate (prezzemolo, erba cipollina, timo, maggiorana, ecc) pepe bianco, noce moscata. *Per il contorno:* 250gr. di riso a grana lunga.
Procedimento: Inserire nel boccale un lt d'acqua con un cucchiaino di sale e posizionare il cestello vuoto: 10min. 100° Vel.1. Intanto togliere la pelle alle sopracosce, tagliarle a metà, salarle, peparle e disporle nel *varoma* facendo attenzione a non ostruire completamente i fori. Quando l'acqua bolle posizionare il *varoma* sul boccale e cuocere 15min. *varoma* Vel.1. Nel frattempo pulire e tagliare le verdure a fettine e le carote a bastoncini. Al termine del tempo togliere il varoma, versare dal foro del coperchio il riso nel cestello e 2 misurini d'acqua calda e aggiungere le verdure attorno al pollo. Riposizionare il *varoma* e riprendere la cottura: 4min. *varoma* Vel.4 e poi 20min. *varoma* Vel.2. Terminata la cottura disporre riso, pollo e verdure in un piatto da portata e tenerlo in caldo. Preparare la salsa: usare 200gr. del liquido di cottura rimasto (se fosse di meno unire acqua fino al raggiungimento del peso). Aggiungere farina, burro, latte e dado: 5min. 80° Vel.3. Unire le erbe tritate, il tuorlo, la panna, il pepe e una grattata di noce moscata: 10sec. Vel.2. Condire il riso con la salsa e servirlo col pollo e le verdure. E' un piatto unico buonissimo.

13.1.2.3 Bocconcini Di Pollo Al Mirto

Ingredienti: x 4: 2 petti di pollo, 100gr. di pancetta affumicata tagliata in 12 bastoncini, 2 porri, 2 rametti di mirto, sale, pepe, olio.

Procedimento: Lavare i porri, tagliarli per il lungo come degli spaghetti, salarli e disporli nel vassoio del varoma. Tagliare a fettine sottili il petto di pollo ricavandone 12 fettine circa, salarle e peparle. Inserire nel boccale 500gr. d'acqua: 5min. 100° Vel.1. Disporre su ogni fettina di carne un bastoncino di pancetta, una fogliolina di mirto, arrotolarla e fermarla con uno stecchino. Ungere il *varoma* con un filo d'olio, disporre i bocconcini, appoggiare il vassoio con i porri e, quando l'acqua bolle, posizionare il *varoma* sul boccale: 30min. *varoma* Vel.1. Servire i bocconcini e i porri conditi con olio. A piacere sipossono servire i porri condendoli con qualche goccia di salsa di soya. Se aggiungete all'acqua nel boccale una fogliolina di mirto, un pezzetto di carota, cipolla e sedano, otterrete un ottimo brodo per fare risotti o una minestrina.

13.1.2.4 Pollo Alle Melanzane

Ingredienti: x 4: 3 cosce di pollo, 500gr. di melanzane, 150gr. di polpa di pomodoro, 90gr. d'olio, 200gr. di vino bianco secco, 20 olive nere dolci, 250gr. di cipolle, 2 spicchi d'aglio, timo fresco, sale, pepe macinato al momento.

Procedimento: Tagliare a tocchi le melanzane senza sbucciarle, salarle e metterle a sgocciolare. Inserire nel boccale 50gr. d'olio, meza cipolla e uno spicchio d'aglio: 3min. 100° Vel.4. Aggiungere pomodoro, vino, 500gr. d'acqua, sale e posizionare il cestello: 60min. *varoma* Vel.1. Intanto spellare le cosce, dividerle in due parti, schiacciarle col batticarne, ungerle col rimanente olio, salarle, peparle abbondantemente, cospargerle di timo e adagiarle nel varoma, sopra metà delle cipolle e l'aglio affettati sottili. Coprire con le rimanenti cipolle e olive. Risciacquare bene le melanzane, strizzarle e dopo 5 minuti dall'inizio della cottura del sugo, inserirle dal foro del coperchio nel cestello. Trascorsi 10 minuti, posizionare il *varoma* col pollo, dopo 25 minuti rivoltare i pezzi e terminare la cottura. Disporre il pollo con le cipolle e le melanzane in un piatto da portata caldo e servire col suo sughetto. I tempi di cottura del pollo possono variare in rapporto alla qualità e alle dimensioni dello stesso.

13.1.2.5 Palline Di Carne E Finocchi In Salsa

Ingredienti: x 6: 300gr. di petto di tacchino macinato, 200gr. di lonza di maiale macinata, 1 panino, 30gr. di parmigiano grattugiato, 2 uova, 2 cucchiai di farina, 4 finocchi piccoli, 2 cucchiai di latte, 2 mis. di vino bianco, 1 cucchiaio di dado Bimby, Sale e pepe q.b. **Per la salsa**: 500gr. di latte, 80gr. di emmental, 30gr. di burro, 3 cucchiai di farina, 1/2 cucchiaino di sale, 1/2 cucchiaino di pepe, 1 pizzico di noce moscata

Procedimento: Inserire nel boccale, dal foro del coperchio con lame in movimento vel. 4, parmigiano, uova, fontina, panino latte, sale e pepe: 40 sec. vel. 5, spatolando. Unire la carne e amalgamare tutto: 15 sec. vel. 2 e mettere da parte. Senza lavare il boccale, inserire il vino, 400gr. d'acqua e il dado: 10 min. 100°C vel.
1. Nel frattempo formare, con il composto messo da prate delle palline grandi come albicocche, infarinarle e sistemarle nel vassoio del Varoma. Nel *Varoma* disporrei finocchi lavati e tagliati in fette sottili. Quandoil liquido del boccale bolle, posizionare il *Varoma* sul boccale e cuocere: 30 min. temp. *Varoma* vel. 4. Terminata la cottura, mettere le palline al centro di una pirofila con attorno i finocchi. >Preparare la salsa: Lavare il boccale ed inserire tutti gli **ingredienti:** 5 sec. vel. Turbo e 6 min. 90° vel. 4. Versare la salsa sulle palline di carne e i finocchi farli gratinare in forno preriscaldato a 200° per 15 min. circa e servire.

13.1.2.6 Polpettine Con Peperoni, Riso E Salsa Curry

Ingredienti: x 6: Per le polpettine: 400gr. di carne macinata di carne, un uovo, uno spicchio d'aglio, una cipollina, un panino raffermo, 1\2 cucchiaino di pepe, 1\2 cucchiaino di maggiorana, un cucchiaino di senape, sale. *Per la salsa:* un cucchiaino di dado bimby, 30gr. di burro, 3 cucchiai di farina, 3 cucchiaini di curry, un pizzico di zucchero, un cucchiaio di succo di limone, un misurino di panna. Per il contorno: 300gr. di riso, 600gr. di peperoni (Verdi, rossi, gialli)

Procedimento: Lavare i peperoni, tagliarli a strisce di 1 cm e disporne una parte nel *varoma*. Preparare le polpettine: inserire nel boccale, dal foro del coperchio con lame in movimento Vel.6, aglio e cipolla: 10sec. Vel.6. Aggiungere il panino ammorbidito nel latte e strizzato, la carne e tutti gli altri **ingredienti**: 20sec. Vel.4 spatolando. Con le mani umide formare delle polpettine e metterle nel *varoma* sui peperoni, facendo attenzione a non ostruire i fori. Sulle polpettine disporre i peperoni rimasti. Senza lavare il boccale inserire 900gr. d'acqua, salare e posizionare il cestello: 10min. 100° Vel.1. posizionare il *varoma* e cuocere: 20min. *varoma* Vel.1. Dopo 5min. inserire il riso dal foro del coperchio. terminata la cottura versare il riso in un piatto da portata e tenerlo in caldo con le polpettine e i peperoni. Con 300gr. dell'acqua rimasta nel boccale(In caso integrarla) preparare la salsa: posizionare la farfalla e inserire tutti gli ingredienti tranne la panna: 5min. 80° Vel.4. Un minuto prima del termine unire la panna dal foro: 10sec. Vel.2. Condire il riso con parte della salsa e servire tutto con la salsa rimasta a parte in una salsiera.

13.1.2.7 Tacchino Porchettato

Ingredienti: x 4: un cosciotto di tacchino piccolo (800gr. ca), 3 spicchi d'aglio, 100gr. di pancetta, 400gr. di patate, sale, pepe, rametti di rosmarino.
Procedimento: Inserire nel boccale un lt d'acqua e posizionare il cestello: 10min. 100° Vel.1. Intanto preparare il cosciotto, togliere la pelle e disossarlo, steccarlo con spicchi d'aglio e tocchetti di pancetta, salare e pepare. Su un foglio di carta d'alluminio mettere i rametti di rosmarino lavati, disporre la carne e ricoprirla con altri rametti di rosmarino. Chiudere il cartoccio, disporlo nel *varoma* e quando l'acqua bolle posizionarlo sul boccale: 50min. *varoma* Vel.1. Dopo 30min. introdurre nel cestello le patate salate, aggiungere 2 misurini d'acqua calda e continuare la cottura. Al termine aprire il cartoccio, liberare il cosciotto dal rosmarino, tagliarlo a fette e irrorarlo col liquido raccolto nel cartoccio. Servirlo contornato dalle patate. Nota: volendo ridurre i tempi di cottura potete utilizzare 800gr. di fesa di vitello usando lo stesso procedimento. A vostro gusto potete sostituire le patate con piselli e prosciutto.

13.1.2.8 Corona Di Carne Alla Campagnola

Ingredienti: x 4: 400gr. di macinato di manzo, 200gr. di spinaci freschi, 50gr. di pecorino, 2 uova, prezzemolo, scorza di 1\2 limone, un panino raffermo, 1\2 spicchio d'aglio, 400gr. di patate a pezzi, rosmarino, sale, pepe. **Per la salsa**: 6 filetti d'acciuga, 50gr. d'olio, 4 cucchiai d'aceto.
Procedimento: Inserite nel boccale il pane: 20sec. Vel.turbo e mettetene da parte due cucchiai. Aggiungete pecorino, prezzemolo, aglio, scorza di limone e rosmarino: 30sec. Vel.turbo. Unite gli spinaci: 20sec. Vel.6, poi carne, uova, sale e pepe: un minuto Vel.3 spatolando. Con l'impasto ottenuto formate una ciambella e disponetela nel vassoio del *varoma* foderato con carta forno bagnata e strizzata. Disponete le patate nel varoma. Inserite nel boccale 60gr. d'acqua: 5min. 100° Vel.1. Quando l'acqua bolle posizionate il *varoma* completo e cuocete 30min. temp *varoma* Vel.1. A cottura ultimata lavate il boccale, asciugatelo con cura e inserite le acciughe col pangrattato tenuto da parte: 10sec. Vel.4. Dal foro del coperchio con lame in movimento Vel.4 unite olio e aceto, portando lentamente a Vel.turbo per 10 secondi. Disponete la corona in un piatto da portata con le patate al centro e irrorate con la salsina. E' ottimo sia caldo che freddo.

13.1.2.9 Petti Di Tacchino Con Broccoli E Noci

Ingredienti: x 4: 400gr. di petti di tacchino a fette, 250gr. di riso a grana lunga, 300gr. di broccoli, 80gr. di noci, un cucchiaio d'olio di sesamo, un cucchiaio di semi di sesamo, 300gr. di cuori di bambù in scatola, 6 cipollotti, sale, pepe. **Per la salsa:** 2 cucchiai di dado di pollo, 3 cucchiai di fecola di mais, 70gr. di sherry secco, 100gr. di salsa di soia, 200gr. di liquido di cottura.

Procedimento: Tagliare le cipolle a strisce diagonali, fare i broccoli a roselline, togliere il liquido dai cuori di bambù, tagliarli a strisce e disporre tutto nel varoma. Salre e pepare i petti di tacchino, spennellarli con l'olio di sesamo, aggiungere i semi di sesamo, i gherigli di noci e disporli nel vassoio del varoma. Inserire nel boccale un lt d'acqua, sale, posizionare il cestello e portare ad ebollizione: 10min. 100° Vel.1, Quando l'acqua bolle posizionare il varoma: 25min. *varoma* Vel.1. 15min. prima della fine inserire nel cestello, dal foro del coperchio, il riso e terminare la cottura. Al temrine togliere *varoma* e cestello lasciando nel boccale 200gr. di liquido. Posizionare la farfalla, aggiungere sherry, salsa di soia, fecola e dado: 2min. 100° Vel.2. Disporre con cura in un vassoio il tacchino, la verdura, il riso a vapore, cospargere tutto con la salsa calda e servire

13.1.2.10 Saltimbocca Al Sugo Con Carciofi Sfiziosi

Ingredienti: x 6: 400gr. di lonza di maiale (in fette sottilissime), 30gr. di parmigiano, 70gr. di mortadella, 1 confezione di carciofi surgelati tagliati in due pezzi o freschi a spicchi, 1 uovo, noce moscata e prezzemolo a piacere, olio per ungere. *Per il sugo:* 70gr. di olio, 600gr. di polpa di pomodoro, 50gr. di cipolla, 50gr. di vino bianco, sale q.b. *Per la salsa:* 30gr. di pane raffermo, 4 cucchiai d'olio, 20gr. di pecorino, 6/7 filetti di acciughe salate, i cucchiaio di capperi, origano e prezzemolo a piacere.

Procedimento: Preparare la salsa: inserire tutti gli ingredienti nel boccale: 30 sec.vel. 8 e mettere da parte. Preparare i saltimbocca: senza lavare il boccale inserire il parmigiano: 10 sec.vel.6. Unire, dal foro del coperchio con lame in movimento vel.6, prezzemolo, noce moscata, mortadella e salsiccia: 20 sec.vel.6. Aggiungere l'uovo: 10 sec. vel. 3. Scartare le parti irregolari dalle fettine di lonza; mettere un cucchiaio di composto sulle fettine e formare degli involtini. Ungerli e sistemarli nel *Varoma* con i carciofi. Inserire nel boccale olio e cipolla: 3 min. 100° vel. 3. Unire i ritagli delle fettine: 4 min. 100° vel. 1; aggiungere il vino: 2 min. temp. *Varoma* vel.1, senza misurino. Aggiungere la polpa di pomodoro e salare: 30 min. temp. *Varoma* vel. 1. Dopo 5 min. posizionare il *Varoma* e continuare la cottura. A fine cottura disporre i carciofi in una insalatiera e condirli con la salsa tenuta da prate. In un piatto da portata disporre i saltimbocca con una prate del sugo preparato e servire. Con il sugo avanzato si possono condire delle pennette.

13.1.2.11 Arrosto Di Tacchino Farcito

Ingredienti: x 4\6: 700gr. di fesa di tacchino in un pezzo solo, 3 cucchiai di senape, 500gr. di patate sbucciate e tagliate a spicchi, un cucchiaio di miele fluido, 8 fette sottili di pancetta affumicata, 2 cucchiai di prezzemolo tritato, una piccola cipolla, un bicchierino di sherry, sale, pepe.

Procedimento: Inserire nel boccale cipolla e sherry: 3min. 100° Vel.4 e mettere da prate. Inserire ora nel boccale un lt d'acqua, posizionare il cestello con le patate e portare ad ebollizione: 10min. 100° Vel.1. Intanto mescolare senape e miele, aprire la fesa di tacchino, salarla, peparla, spalmarla con metà della senape al miele, appoggiarvi le fette di pancetta, arrotolarla e legarla. Mescolare la cipolla con la senape rimasta, prezzemolo, sale e pepe e spalmare anche l'esterno dell'arrosto. Avvolgere il tacchino nella cartaforno, metterlo nel *varoma* e, quando l'acqua bolle, posizionare il *varoma* sul boccale: 15min. *varoma* Vel.1. Togliere il cestello con le patate e metterle da prate. Girare il rotolo e continuare la cottura: 20min. *varoma* Vel.1. Terminata la cottura far dorare il tacchino in una pirofila, in forno preriscaldato a 220° per 5 minuti, rigirandolo su tutti i lati. Tagliarlo a fette e servirlo caldo con le patate e il sughetto rimasto nel cartoccio. Questo arrosto è ottimo anche farcito con 2 salsicce sbriciolate, una frittatina di due uova e due sottilette a pezzetti.

PALLINE DI CARNE DI MAIALE IN AGRODOLCE

Ingredienti: x 4: per le palline: 500gr. di macinato di lonza, un cucchiaio d'olio di sesamo, 3 cucchiai di fecola di mais, um uovo, 4 cucchiai di salsa di soia, un cucchiaio di paprika forte. *Per le verdure:* 250gr. di ananas sciroppato, una cipolla grande, un piccolo peperone verde, un piccolo peperone rosso, 2 carote, 1\2 scatola di germogli di bambù. *Per la salsa:* 220gr. di succo d'ananas, 60gr. di salsa di soia, 2 cucchiai d'aceto di vino, 50gr. di concentrato di pomodoro, 5 cucchiai di sherry secco, un cucchiaio di fecola di mais, 3 cucchiai di zucchero di canna.

Procedimento: Preparare le palline: inserire nel boccale tutti gli **ingredienti:** 20sec. Vel.4 spatolando. Col composto formare delle palline grandi come noci e disporle nel *varoma* leggermente unto d'olio, facendo attenzione a non chiudere tutti i fori. Preparare le verdure: pulire e lavare le verdure, tagliare i peperoni, le carote, i germogli di bambù a listarelle sottili e le cipolle a rondelle. Disporre tutte le verdure nel vassoio del *varoma* e adagiarvi sopra le fette di ananas. Preparare la salsa: Inserire nel boccale tutti gli ingredienti per la salsa e 2 misurini d'acqua: 40min. *varoma* Vel.1. Dopo 6 minuti posizionare il *varoma* completo sul boccale e continuare la cottura. Al termine disporre nel piatto le verdure, le fette di ananas e le palline di carne, irrorare tutto con poca salsa e mettere quella rimasta in una salsiera. Questa preparazione è ottima accompagnata di riso al vapore. Per un'ottima presentazione: mettete il riso ben pressato in uno stampo col buco leggermente unto d'olio e sformatelo su un piatto, mettete nel buco le palline di carne e mettete tutt'intorno alla ciambella di riso le verdure, decorando la stessa con le fette di ananas. Versare su tutto la salsina e portare in tavola.

13.1.2.12 Bocconcini Di Carne Ai Funghi

Ingredienti: x 6: 350gr. di vitello magro macinato, una patata 3 peperoni rossi carnosi, una cipollina, una zucchina, 100gr. di finferli o pleurotus, uno spicchio d'aglio, 2 cucchiai d'olio, un uovo, una manciata di foglie di basilico, un cucchiaio di pinoli, sale, pepe

Procedimento: Inserire nel boccale 800gr. d'acqua e posizionare il cestello con la patata tagliata a fettine, la cipolla e la zucchina: 8min. 100° Vel.1. Nel frattempo disporre nel *varoma* i peperoni a fette e posizionarlo sul coperchio: 15min. *varoma* Vel.1. Terminata la cottura togliere il cestello con le verdure e metterle da prate. Pelare i peperoni già cotti e lavarli. Inserire nel boccale ben asciutto, dal foro del coperchio con lame in movimento Vel.7, pinoli, basilico, sale grosso, peperoni ed olio: 40sec. Vel.7 e mettere da parte la salsina ottenuta. Inserire nel boccale aglio, finferli o pleurotus, olio e le altre verdure precedentemente cotte: 2min. 100° Vel.3, senz amisurino. Lasciar raffreddare e aggiungere l'uovo, sale, pepe e la carne: 20sec. Vel.1 spatolando e mettere da prate. Senza lavare il boccale inserire 600gr. d'acqua: 6min. 100° Vel.1, quando l'acqua bolle posizionare il *varoma* col vassoio precedentemente unti con olio di semi e dove sarà stato disposto il ripieno a cucchiaiate e cuocere: 15min. *varoma* Vel.1. Togliere il coperchio del *varoma* e continuare la cottura per altri 5min. *varoma* Vel.1. Disporre i bocconcini di carne in un piatto da portata e servirli con la salsa ai peperoni. Nel boccale potete preparare contemporaneamente un sugo di funghi e pomodoro per condire riso cotto a vapore o tagliolini.

13.1.2.13 Insalata Di Wurstel All'alsaziana

Ingredienti: x 4: 4 patate a tocchetti, 300gr. di cavolo verza, 150gr. di pancetta affumicata, 4 grossi wurstel, 4 cucchiai d'olio, un cucchiaio di yogurt, un cucchiaino di grani di cumino, 1\2 cucchiaino di semi di coriandolo, 2 cucchiaini di senape forte, 4 cucchiai d'aceto di mele, sale.

Procedimento: Inserite nel boccale coriandolo e cumino: 20sec. Vel.5 e portare lentamente a turbo. Unire senape, 2 cucchiai d'aceto, un cucchiaio d'acqua, olio, yogurt e sale: 30sec. Vel.5 fino ad ottenere una salsa ben legata. Toglierla e disporla in una salsiera. Affettare finemente il cavolo verza, metterlo a bagno in acqua fredda con 2 cucchiai d'aceto. Portare ad ebollizione 700gr. d'acqua: 7min. 100° Vel.1. Nel frattempo disporre nel *varoma* le patate, la pancetta a dadini e i wurstel affettati diagonalmente. Scolare la verza, asciugarla e disporla nel vassoio del varoma. Quando l'acqua bolle, posizionare il *varoma* sul boccale e cuocere: 25min. *varoma* Vel.1. Dopo 15 minuti sollevare il coperchio, posizionare il vassoio e continuare la cottura. Al termine trasferire il cavolo in un piatto da portata caldo, distribuirvi sopra i wurstel, la pancetta e le patate. Nappare tutto con la salsa e servire.

13.1.2.14 Involtini Con Foglie Di Vite

Ingredienti: x 6: 300gr. di polpa di manzo macinata, 2 piccoli scalogni (o 1 piccola cipolla), 2 spicchi di aglio, 1 piccola patata lessata, 16 foglie di vite fresche o conservate in un barattolo, 30gr. di olio, sale e pepe macinato al momento *Per la salsa vietnamita:* vedere ricetta già trascritta.

Procedimento: Inserire nel boccale scalogni, aglio e olio: 3 min100°C vel. 4. Unire la patata lessata in piccoli pezzi: 5 sec. vel. 3. Unire la carne, sale e pepe: 30 secvel. 3, spatolando. Scottare per 3 min. in acqua bollente le foglie di vite ben lavate (se fresche) e passarle sotto l'acqua fredda. Porre un po' di ripieno al centro di ogni foglia; ripiegare i tre lati sul ripieno, arrotolare formando un involtino e, se occorre, legarlo con spago da cucina. Introdurre nel boccale 1 lt. d'acqua: 10 min. 100°C vel.
1 Nel frattempo disporre gli involtini nel *Varoma* e quando l'acqua bolle, posizionarlo sul boccale 15-20 min. temp. *Varoma* vel. 1, a seconda della dimensione degli involtini. Per controllare la cottura dopo 15min. pungere un involtino con uno stuzzicadenti, il liquido che ne esce dev'essere trasparente. Terminata la cottura disporre gli involtini in un piatto da portata. Preparare la salsa vietnamita come da ricetta (Vedere altre ricette del libro che ho trascritto) e versarla sugli involtini, che si possono servire sia caldi che freddi. Se non trovate le foglie di vite vanno bene anche le foglie di lattuga. Mentre cuociono gli involtini si possono cuocere contemporaneamente nel vassoio del *varoma* o nel cestello delle carote a fiammifero e con queste arricchire la preparazione.

13.1.2.15 Filetto Di Manzo Alla Cannella

Ingredienti: x 6: 800gr. di filetto di manzo, una cipolla steccata con 3 chiodi di garofano, 2 scalogni, 2 carote, un cuore di sedano, 100gr. di cimone a mazzetti (Cavolfiore scuro), un cucchiaio di dado bimby, un porro. Per la salsa: 150gr. di panna, succo di 1\2 limone, 2 cucchiai di cerfoglio tritato fine (o prezzemolo), 30gr. di maizena, una stecca di cannella, sale, pepe.

Procedimento: Preparate le verdure mondate e tagliate per il lungo. Legare, salare la carne e disporla nel *varoma* con le verdure. Inserire nel boccale 600gr. d'acqua e il dado: 6min. 100° Vel.1, quando l'acqua bolle posizionare il *varoma* e cuocere 35min. *varoma* Vel.1. Slegare la carne, tagliarla a fette e cospargerla con pepe nero e cannella a piacere. preparare la salsa: Lasciare nel boccale 3 misurini di brodo, aggiungere la stecca di cannella e farlo restringere: 10min. *varoma* Vel.1, senza misurino. Eliminare la cannella, aggiungere panna, maizena, succo di limone, sale, pepe: 5min. 80° Vel.3. Servire filetto e verdure ben caldi irrorandoli con la salsa e cospargendoli di cerfoglio.

13.1.2.16 Coniglio Con Cipolline In Agrodolce

Ingredienti: x 4: 1 kg di coniglio tagliato in piccoli pezzi, 500gr. di patatine novelle, 500gr. di cipolline, 90gr. d'olio, 2 cucchiai di salsa di pomodoro, un misurino d'aceto, 1\2 misurino di zucchero, una cipolla, una foglia d'alloro, 5 chicchi di pepe, sale, pepe.

Procedimento: Inserire nel boccale 500gr. d'acqua, un pizzico di sale e posizionare il cestello con le cipolline, l'alloro e i chicchi di pepe: 10min. 100° Vel.4. Al termine mettere da parte le cipolline ed eliminare l'acqua, l'alloro e il pepe. Inserire nel boccale la cipolla: 20sec. Vel.4, aggiungere 40gr. d'olio: 3min. 100° Vel.4. posizionare la farfalla, aggiungere 300gr. d'acqua, l'aceto, lo zucchero, la salsa di pomodoro e un pizzico di sale: 2min. 100° Vel.1. Unire le cipolline tenute da parte: 45min. *varoma* Vel.1. Salare, pepare e ungere con l'olio rimasto i pezzi di coniglio, disporli nel *varoma* e mettere le patatine nel vassoio. Chiudere bene il *varoma* e dopo 5 minuti dall'inizio della cottura delle cipolline, posizionarlo sul boccale. Terminata la cottura servire il coniglio contornato da patatine e cipolline e irrorato col suo sugo. Se il fondo di cottura si presentasse troppo liquido, addensatelo con un cucchiaino di maizena: 3min. 80° vel3.

13.1.2.17 Lonza Alla Salvia

Ingredienti (per 6 persone) 1 kg.di lonza, 2 rametti di salvia fresca, 2 mele morgenduft (o mele farinose), 1/2 cucchiaio di olio extravergine di oliva, sale e pepe di Caienna
Procedimento: Inserire nel boccale 1 lt.di acqua: 10 min. 100° C vel.1. Cospargere la superficie della carne con sale e pepe di Caienna. Bagnare le mani con l'olio e massaggiare la carne fino a far penetrare gli aromi. Foderare il *Varoma* con carta di alluminio. Disporre una dozzina di foglie di salvia sulla carta di alluminio e sistemarvi sopra la carne. Sollevare ai lati la carta d'alluminio per lasciare liberi i fori. Quando l'acqua bolle, posizionare il *Varoma* sul boccale e cuocere: 40 min. temp. *Varoma* vel. 1. Al termine dei 40 min. disporre accanto alla carne le mele sbucciate e tagliate a spicchi e continuare la cottura: 10 min. temp. *Varoma* vel. 1. Lasciar riposare 5 min. con il *Varoma* aperto. Tagliare la carne a fette, disporle in un piatto da portata con le mele schiacciate grossolanamente e irrorare il tutto con il sugo caldo raccolto nella carta di alluminio. Se non avete problemi di colesterolo, potete aggiungere una noce di burro sulle fette di carne prima di irrorarle col sugo.

13.1.2.18 Spiedini D'agnello Con Grano

Ingredienti (X 4) 300gr. di grano spezzato (o riso integrale), 400gr. di carrè d'agnello disossato, 10 pomodorini maturi, un cucchiaio di uvette, 4 peperoncini piccanti, un mazzetto di coriandolo fresco, qualche rametto di timo fresco, un cucchiaino di semi di cumino, un cucchiaino di paprika dolce, 1\2 bicchiere di aceto di mele, olio, sale, pepe.
Procedimento: Tagliare il carrè a fette alte un dito e disporle in una terrina. Pestare i semi di cumino, mescolarli con la paprika, unire l'aceto e un bicchier d'acqua. Versare questa marinata sull'agnello e lasciar riposare per un'ora. Tagliare i pomodorini a metà, incidere i peperoncini con un taglio a croce, aprendoli come fiori ed eliminare i semi facendo attenzione a non toccarli con le dita. Sciacquare il grano spezzato sotto l'acqua corrente con molta cura e metterlo nel cestello. Inserire nel boccale un lt d'acqua e posizionare il cestello col grano spezzato: 40min. 100° Vel.4. Togliere il cestello e metterlo da prate. Nel frattempo coprire il fondo del *varoma* con metà coriandolo e tutto il timo, scolare l'agnello dalla marinata, arrotolare ogni pezzo di carne su se stesso e infilare 5 pezzi di carne ogni stecchino. Disporre nel varoma, sopra il timo e il coriandolo, gli spiedini, decorare con i pomodorini, i peperoncini piccanti e le uvette. Nel vassoio del *varoma* posizionare il grano cotto. Svuotare il boccale e inserire un lt d'acqua: 10min. 100° Vel.1. Posizionare il *varoma* completo e ben chiuso sul boccale: 15min. *varoma* Vel.1. A cottura ultimata togliere gli spidini dal varoma, salarli, peparli e cospargerli col rimanente coriandolo pestato. Condire il grano con sale, pepe e olio, appoggiarvi sopra gli spiedini e servire.

13.1.2.19 Stracotto Di Manzo All'arancia Con Patate

Ingredienti (X 6) 800gr. di polpa di manzo per brasato tagliato a fette sottili, una cipolla, uno scalogno (facoltativo), una carota, uno spicchio d'aglio, un cucchiaio di prezzemolo tritato, un cucchiaino di fecola, 4 filetti d'acciuga sott'olio, 12 olive nere da forno, una foglia d'alloro secco, qualche rametto di timo, 2 chiodi di garofano, scorza di 1\2 arancia non trattata, 300gr. di vino bianco, 40gr. d'olio, 800gr. di patate, sale, pepe.

Procedimento: Inserire nel boccale cipolla, carota, scalogno, aglio, prezzemolo, timo e alloro: 10sec. Vel.6, spatolando. Aggiungere l'olio: 3min. 100° Vel.4, quindi unire le olive snocciolate, le acciughe e i chiodi di garofano: 20sec. Vel.4 e tenerne da prate in una ciotola 3 cucchiai. Aggiungere il vino, la fecola, posizionare il cestello e portare ad ebollizione: 40min. *varoma* Vel.1. Intanto salare e pepare le fette di carne, tagliare a striscioline la scorza d'arancia e alternarla alle fette di carne e al composto tenuto da prate mentre vengono adagiate nel varoma. Dopo 5min. posizionare il *varoma* sul boccale e continuare la cottura. Nel frattempo preparare le patate a tocchetti, salarle e peparle. Dopo 15min. sollevare il varoma, inserire, dal foro del coperchio, le patate nel cestello e proseguire la cottura. Al termine disporre la carne in un piatto da portata contornata dalle patate; cospargerla col prezzemolo, irrorarla col sugo rimasto nel boccale e servire.

13.1.2.20 Vitello Alle Verdure Novelle

Ingredienti (x6) 1 kg di filetto di vitello, 4 carciofi, 100gr. di piselli freschi, 12 punte di asparagi, 4 cipollotti, 100gr. di fave fresche sguscaite, succo di 1\2 limone, prezzemolo tritato, uno spicchio d'aglio, 40gr. di burro, sale, pepe bianco.

Procedimento: Strofinare il filetto con l'aglio tagliato a metà, salare e pepare la carne massaggiandola con le mani e lasciarla riposare. Inserire nel boccale un lt d'acqua: 12min. 100° Vel.1. Nel frattempo preparare le verdure; togliere il verde ai cipollotti, tagliare i bulbi in 4, lavarli e asciugarli. Mondare i carciofi, tagliarli a spicchi e bagnarli col succo di limone. Mescolare insieme fave, cipollotti, piselli e carciofi. Disporre nel *varoma* la carne con attorno tutte le verdure, chiuderlo bene e posizionarlo sul boccale: 40min. *varoma* Vel.1. Pulire gli asparagi e posizionarli nel *varoma* gli ultimi 15 minuti di cottura. Al termine togliere la carne dal *varoma* e metterla in un piatto riscaldato, condire con sale, pepe, prezzemolo, burro a fiocchetti e mescolare delicatamente. Tagliare la carne a fette, adagiarla sopra le verdure e servire subito. Le verdure si possono anche condire con olio o con burro al limone e cerfoglio come nella ricetta degli asparagi.

13.1.2.21 Salsiccia Fresca Con Porri E Patate

Ingredienti (x 4) 4 salsicce (600 g), 350gr. di porro, 750gr. di patate a tocchetti. Per la salsa: 200gr. di panna, un mis vino bianco secco, un cucchiaio di maizena, sale alle erbe, una punta di pepe di cayenna.

Procedimento: Pulire il porro e tagliarlo per il lungo in fette uguali. Scottare le salsicce in acqua bollente, metterle nel varoma e ricoprirle col porro. Disporre le patate nel cestello. Inserire nel boccale un lt d'acqua: 35min. *varoma* Vel.1. Dopo 10min. posizionare il cestello nel boccale, il *varoma* sul coperchio e continuare la cottura. Al termine togliere il *varoma* e il cestello e tenerli da parte al caldo. Preparare la salsa: lavare il boccale, posizionare la farfalla e inserire tutti gli ingredienti per la salsa: 2min. 90° Vel.3. Unire i porri cotti e mescolare bene: 5sec. Vel.1. Distribuire la salsa al porro in un piatto da portata, appoggiarvi le salsicce e le patate e servire subito.

13.1.2.22 Petti D'anatra In Salsa Di Mirtilli

Ingredienti (x6) 4 petti d'anatra, 2 grosse pere william, 4 foglie d'alloro, uno scalogno, 20gr. di burro, 100gr. di mirtilli, un mis di vino rosso, un cucchiaino di zucchero, un cucchiaino di dado vegetale bimby, un cucchiaino di fecola, sale, pepe

Preparare la salsa: inserire nel boccale scalogno e burro: 3min. 100° Vel.4. Aggiungere i mirtilli e lo zucchero: 10sec. Vel.4. Inserire dado e vino: 3min. 100° Vel.1. Aggiungere la fecola: 10sec. Vel.1 e mettere da parte la salsa ottenuta mantenendola calda. Salare e pepare i petti, massaggiarli con al punta delle dita per far penetrare il condimento. Tagliare a striscioline l'alloro e distribuirlo sul fondo del varoma. Appoggiare i petti con la parte della pelle a contatto con l'alloro. Sbucciare le pere, tagliarle a metà, eliminare il torsolo, tagliarle a fettine in lunghezza senza dividerle fino in fondo, in modo che ogni mezza pera possa essere aperta a ventaglio. Sistemate le mezze pere nel vassoio del *varoma* e chiudere. Inserire un lt d'acqua nel boccale e portare ad ebollizione: 10min. 100° Vel.1. Posizionare il *varoma* sul boccale e cuocere: 30min. *varoma* Vel.1. Dopo 6 minuti aprire il varoma, togliere il vassoio con le pere e tenerle da parte. Richiudere il *varoma* e continuare la cottura. Al termine mettere in un piatto da portata i petti d'anatra tagliati a strisce grosse. Irrorarli con la salsa calda e guarnirli con i ventagli di pera leggermente pepati. Servire subito.

13.1.2.23 Girandole Di Struzzo

Ingredienti x 6: 600gr. di bistecche di struzzo, 500gr. di scarola mondata, 140gr. di prosciutto cotto, 120gr. di zucchine, 120gr. di carote, sale. **Per la salsa:** 150gr. di salsa di soia, 3 cucchiaini di aceto di riso, prezzemolo. portare ad ebollizione 500gr. d'acqua: 7min. 100° Vel.1.
Procedimento: Tagliare carote e zucchine a bastoncini. Battere la carne a fettine sottili e salarle. Disporre sulle fettine, a strati, le zucchine, il prosciutto e le carote. Arrotolarle, ricavre tre rotolini da ogni fetta e fermarli con uno stuzzicadenti. Disporre i rotolini nel *varoma* e ricoprirli con la scarola. Quando l'acqua bolle posizionare il *varoma* sul boccale: 10min. *varoma* Vel.1. Terminata la cottura trasferire la scarola in un piatto da portata, disporre al centro le girandole di struzzo. nel boccale ripulito inserire prezzemolo, salsa di soia e aceto di riso: 2min. 80° Vel.4. Servire le girandole e la scarola condite con questa salsina.

13.1.2.24 Uova Strapazzate

Ingredienti x 4: 4 uova a temperatura ambiente, qualche fiocchetto di burro, sale, pepe. Per decorare: erba cipollina e parmigiano.
Procedimento: Inserire nel boccale tutti gli **ingredienti:** 20sec. Vel.1 e mettere da parte. inserire nel boccale 1\2 lt d'acqua: 6min. 100° Vel.1. Appena raggiunta l'ebollizione, posizionare il *varoma* con la ciotola contenente le uova: 8min. *varoma* Vel.1. Decorare con erba cipollina, formaggio grattugiato e, per rendere le uova ancora più cremose, aggiungere un cucchiaio di panna. P.S. Se le uova sono appena state tolte dal frigo, aumentare di qualche minutoil tempo di cottura.

13.1.2.25 Uova In Cocotte Con Spinaci

Ingredienti x 4: 200gr. di spinaci lavati e scolati, 40gr. di burro, 4 uova a temp ambiente, 50gr. di gruyere grattugiato, sale, pepe.
Procedimento: Inserire nel boccale 30gr. di burro, gli spinaci e il sale: 10min. 100° Vel.1 tenendo il misurino inclinato e mettere da parte. Inserire nel boccale 500gr. d'acqua: 6min. 100° Vel.1. Nel frattempo distribuire gli spinaci in 4 stampini d'alluminio imburrati. Cospargerli di gruyere, romperi sopra le uova, salare e pepare. Disporre gli stampini nel varoma. Quando l'acqua bolle posizionarlo sul boccale: 8min. *varoma* Vel.1. Servire accompagnati da bastoncini di pane dorato in forno. P.S. La cottura può variare in funzione del peso e della temp delle uova.

13.1.2.26 Uova In Cocotte Con Funghi Trifolati

Ingredienti X 4: 300gr. di funghi champignon puliti, 50gr. d'olio, 2 cucchiai di prezzemolo tritato, 4 uova a temp ambiente, 10gr. di burro, uno spicchio d'aglio, sal, pepe.

Procedimento: Inserire nel boccale aglio e olio: 3min. 100° Vel.1 ed eliminare l'aglio. Posizionare la farfalla e aggiungere i funghi affettati, sale e pepe: 15min. 100° Vel.1 senza misurino. Se necessario addensare qualche minuto a *varoma* Vel.1. A fine cottura togliere i funghi, cospargerli con una parte di prezzemolo e mettere da parte. Senza lavare il boccale inserire 500gr. d'acqua: 6min. *varoma* Vel.1. Intanto distribuire i funghi in 4 stampini d'alluminio imburrati, romperci sopra le uova e cospargere col prezzemolo rimasto. Disporli nel *varoma* e quando l'acqua bolle posizionarlo sul boccale: 8min. *varoma* Vel.1. Servire le uova negli stampini accompagnati da bastoncini di pane dorati in forno.

13.1.3 Pesci

13.1.3.1 Pot-Pourri Di Frutti Di Mare

Ingredienti: x 4: 4 filetti di platessa, 10\12 scampi con la testa, 8 gamberoni sgusciati, 20 cozze. **Per il ripieno:** 300gr. di spinaci freschi, uno scalogno, una noce di burro, 20gr. di parmigiano, sale, pepe. **Per la salsa**: 3 misurini del fondo di cottura del riso, un cucchiaio di maizena, un cucchiaino di curry, 100gr. di panna, succo di 1\2 limone, un cucchiaio di prezzemolo tritato. **Per il contorno**: 250gr. di riso integrale, sale. **Preparare il ripieno:** inserire nel boccale gli spinaci lavati con un pizzico di sale: 6min. 100° Vel.1. Scolarli e strizzarli bene. Inserire nel boccale dal foro del coperchio con lame in movimento Vel.6, lo scalogno: 5sec. Vel.6. Unite una noce di burro: 3min. 90° Vel.4. Aggiungere gli spinaci, parmigiano, pepe e sale: 5sec. Vel.4. Distribuire questo composto sui filetti di platessa divisi in due verticalmente facendo in modo che la pelle resti all'interno e fare degli involtini. Sistemarli in piedi ai lati del varoma. Al centro disporre i gamberoni, poi gli scampi e sopra le cozze ben pulite: chiudere il varoma. Mettere nel boccale 1 lt d'acqua, sale e posizionare il cestello col riso: 35min. *varoma* Vel.1. Dopo 15min. posizionare il *varoma* sul boccale e continuare la cottura. Al termine disporre il riso in un grande piatto riscaldato e mettere al centro i pesci. Mantenere in caldo e preparare la salsa: inserire nel boccale 3 misurini di fondo di cottura del riso e la maizena: 2min. 70° Vel.4. Unire panna e curry: unmin. 70° Vel.4. Aggiungere il succo di limone e il prezzemolo: Vel.4 per pochi sec. Irrorare riso e pesce con una prate di questa salsa e il resto servirla a prate in una salsiera. Per una preparazione meno calorica potete condire con una vinaigrette fatta con 50gr. d'olio, il succo di un limone e un cucchiaio di prezzemolo tritato.

13.1.3.2 Trote Con Patate, Verdure E Salsa Olandese

Ingredienti: x 4: 350gr. di patate, 350gr. di verdure fresche a piacere, 2 trote pulite, succo di un limone, sale, pepe. **Per la salsa olandese**: 1\2 misurino del liquido di cottura, 3 tuorli, 100gr. di burro morbido, succo di 1\2 limone, sale, pepe.
Procedimento: Lavare e sbucciare le patate, tagliarle a spicchi e porle nel cestello. Versare nel boccale 800gr. d'cqua con un cucchiaino di sale: 35min. *varoma* Vel.1. Intanto pulire e lavare le verdure, tagliarle a bastoncini e disporle nel varoma. Passare le trote dentro e fuori col succo di limone, salarle, peparle e disporle nel vassoio del varoma. Dopo 10min. posizionare il cestello con le patate nel boccale, il *varoma* sul coperchio e cuocere. Al termine disporre trote e verdure in un piatto da portata e tenerle al caldo. Tenere da prate 1\2 mis del liquido di cottura, sciacquare il boccale con acqua fredda e inserire tutti gli ingredienti per la salsa eccetto il burro: 5min. 70° Vel.2. Durante la cottura unire il burro a pezzetti. Al termine versare la salsa in una salsiera e servire subito.

13.1.3.3 Filetti Di Sogliola Ai Porri

Ingredienti: x 6: 600gr. di filetti di sogliola, 3 piccoli porri, 4 cucchiai di succo di limone, 750gr. di patate, sale, pepe. *Per la salsa:* 400gr. di brodo di cottura della sogliola, 125gr. di vino bianco, 100gr. di panna, 40gr. di farina, un cucchiaio di curry in polvere, un cucchiaio di succo di limone, sale, pepe. *Per decorare:* 4 cucchiai di mandorle a pezzi, una noce di burro, un cucchiaio di prezzemolo tritato.

Procedimento: Lavare e asciugare i filetti, spruzzarli con 3 cucchiai di succo di limone, salarli e peparli. Inserire nel boccale mandorle e burro: 5min. 100° Vel.1 e mettere da prate. Lavare i porri, tagliarli a metà diagonalmente in 3 lunghi pezzi, disporli nel varoma, salarli e spruzzarli leggermente con succo di limone. Fare degli involtini con i filetti, chiuderli con uno stuzzicadenti e metterli nel vassoio del varoma. Inserire nel boccale 700gr. d'acqua e posizionare il cestello con le patate affettate: 25min. *varoma* Vel.4. Dopo 10min. posizionare il *varoma* sul boccale e continuare la cottura. Al termine disporre in un piatto caldo gli involtini con le verdure. Preparare la salsa: lasciare nel boccale 400gr. del liquido di cottura aggiungendo acqua calda se necessario, posizionare la farfalla ed inserire tutti gli ingredienti della salsa: 8 min 90° Vel.3. Versare la salsa sul pesce e le verdure, guarnire con le mandorle tostate e il prezzemolo e servire subito. N.B. Per una salsa meno calorica dimezzare la quantità di brodo e sostituire la panna col latte: 200gr. di brodo di cottura del pesce, 125gr. di vino bianco, 100gr. di latte, 40gr. di farina, un cucchiaino di curry, un cucchiaio di succo di limone, sale, pepe: 8min. 90° Vel.3, posizionando la farfalla.

13.1.3.4 Turbantini Di Sogliola

Ingredienti: x 6: 700gr. di filetti di sogliola o platessa, 2 zucchine medie, un peperone rosso, 12 champignon, 30gr. di burro, un piccolo porro, 60gr. di panna, un albume, olio, timo fresco, sale, pepe.

Procedimento: Ridurre le verdure in dadolata e disporne due terzi nel varoma. Ricavare dalle sogliole 12 filetti. Spianarli con un batticarne, asciugarli con carta assorbente e avvolgerli su sé stessi, in modo che la pelle stia all'interno. Disporli nel vassoio del varoma. Inserire nel boccale la rimanente polpa delle sogliole: 20sec. Vel.8. Aggiungere la panna e l'albume: 20sec. Vel.5 e mettere da prate. Inserire nel boccale burro e porro: 3min. 100° Vel.3, aggiungere la rimanente dadolata di verdure: 5min. 100° Vel.3. Terminata la cottura, pepare, unire il composto tenuto da prate e amalgamare con la spatola. Riempire i turbantini di sogliola. Inserire nel boccale un lt d'acqua: 10min. 100°vel 1. Posizionare il *varoma* completo sul boccale: 20min. *varoma* Vel.1. Terminata la cottura disporre i turbantini di sogliola in un piatto da portata contornati dalle verdure e cosparsi di timo.

Nel boccale si può contemporaneamente preparare questo sugo:

Ingredienti: 500gr. di passata di pomodoro, 4 filetti d'acciughe salate, uno spicchio d'aglio, 50gr. d'olio, sale, pepe nero, peperoncino.

Procedimento: Inserire nel boccale olio, aglio, acciughe e peperoncino: 3min. 100° Vel.1. Aggiungere il pomodoro, 1 mis d'acqua, sale, pepe: 15min. 100° Vel.1. A questo punto posizionare il *varoma* e procedere come per la ricetta precedentemente descritta.

13.1.3.5 Filetti Di Sogliola Al Vapore Di The

Ingredienti: 8 filetti di sogliola, 2 bustine di tè di Ceylon, 1 limone sbucciato, 1 scalogno, 1 porro, 3 rametti di prezzemolo, sale e pepe q.b. *Per la salsa:* 2 cucchiai di salsa di soya- 3 cucchiaini di aceto di mele-olio q.b.-1 cucchiaino di semi di sesamo

Preparare la salsa. Nel boccale introdurre tutti gli **ingredienti:** 10 sec. vel. 8 e mettere da parte Inserire nel boccale 1 lt. di acqua e portare all'ebollizione: 10 min. 100°C vel. 1. Nel frattempo sfogliare un porro lavato e sistemare le foglie nel *Varoma* e sul vassoio del Varoma, in modo che formino un lettino. Tagliare a metà i filetti di sogliola salarli, peparli, adagiarli sopra le foglie di porro ricoprire con lo scalogno, il limone tagliato a fettine e il prezzemolo. Quando l'acqua bolle, posizionare nel boccale il cestello con le bustine di tè e posizionare il *Varoma* sul boccale: 10 min. temp. *Varoma* vel. 1 chiuso e 2 min. vel. 1 con il coperchio scostato Terminata la cottura, disporre in un piatto da portata. Servire i filetti di sogliola con le verdure e irrorare il tutto con la salsa.

13.1.3.6 Salmone Al Vapore Con Salsa Di Champignon

Ingredienti: 600gr. di filetto di salmone privato della pelle, succo di 1 limone, scorza grattugiata di 1/2 limone non trattato, sale e pepe q.b., 300gr. di champignons, 2 scalogni, 1 mis. di vino bianco secco, 120gr. di panna, 120gr. di formaggio fresco, 1 pizzico di noce moscata, 50gr. di olio di oliva extra vergine **Procedimento:** Togliere eventuali lische dal salmone e tagliarlo in otto fette. Salare, pepare e spruzzare con il succo di limone i filetti di salmone, metterli nella carta forno (bagnata e strizzata) chiudendo bene il cartoccio e disporli nel vassoio del *Varoma* Tagliare i funghi a fettine e disporli nel Varoma. Inserire nel boccale 500gr. di acqua: 6 min. 100°C vel. 1. Quando l'acqua bolle posizionare il *Varoma* completo e ben chiuso sul boccale e cuocere: 15min. temp. *Varoma* vel. 1. A metà cottura girare il cartoccio Al termine della cottura togliere il *Varoma* e tenerlo in caldo. Sciacquare il boccale ed inserire scalogno e olio: 3 min. 100°C vel. 3. Posizionare la farfalla ed aggiungere vino bianco, formaggio e metà dei funghi già cotti: 3min. 100° Vel.4. Unire scorza di limone, noce moscata, panna e i funghi rimasti, sale e pepe: 30sec. Vel.1. Disporre il salmone in un piatto da portata, irrorarlo con la salsina e…buon appetito! N.B. Un riso al vapore cotto nel cestello contemporaneamente alla cottura al *varoma* dei funghi e del salmone completa molto bene questo piatto che potrete guarnire con rucola tagliata a listarelle.

13.1.3.7 Gamberetti Con Pannocchiette Di Granoturco

Ingredienti: x 4: 300gr. di pannocchiette in vasetto, 2 gambi di sedano, 4 cipolline primavera, 1\2 cespo d'insalata belga, 300gr. di gamberetti sgusciati, un cucchiaio di scorza grattugiata di limone, un cucchiaio di succo di limone, qualche goccia di tabasco, sale. **Per la marinata**: uno spicchio d'aglio schiacciato, 3 cucchiai di sherry, 3 cucchiai di salsa di soia.

Procedimento: Pulire le verdure, togliere le pannocchiette dal vasetto, tagliarle a metà per il lungo, tagliare le cipolline a fettine sottili e il sedano e la belga in piccoli pezzetti. Mescolare aglio, sherry, salsa di soia in una ciotola e immergervi le pannocchiette, mescolare bene e lasciare a marinare coperto per 2 ore. Disporre ora cipolla, sedano, pannocchiette tolte dalla marinata (che va conservata) nel varoma, con sopra l'insalata belga. Posizionare i gamberetti nel vassoio e salarli. Inserire nel boccale 500gr. d'acqua: 6min. 100° Vel.1. Quando l'acqua bolle posizionare sul boccale il *varoma* ben chiuso e cuocere: 20min. *varoma* Vel.1. Al termine cospargere i gamberetti con la scorza di limone grattugiata. Disporre tutto in un piatto, condire con la marinata rimasta, il tabasco, il succo di limone e mescolare distribuendo con garbo le pannocchiette. Questo piatto è ottimo servito con riso al vapore.

13.1.3.8 Salmone Al Trancio Con Verdure

Ingredienti: 4 tranci di salmone da 150 gr l'uno, 1 carota, 2 coste di sedano, 1 cipolla rossa, 1 scalogno, 1/2 porro, 2 rametti di prezzemolo, 1 rametto di aneto, barbe verdi di un finocchio (facoltativo) olio extra vergine di oliva a piacere, sale e pepe q.b.

Procedimento: Tagliare le verdure, lavarle e metterle nel *varoma* e nel vassoio. Nel frattempo salare e pepare il salmone. Inserire nel boccale 1 lt. d'acqua e portare ad ebollizione: 10 min. 100° vel.1. Poi posizionare sul boccale il *varoma* completo e ben chiuso: 10 min. temp.*varoma* vel.1 Poi adagiare i tranci di salmone sulle verdure, cospargere il tutto con prezzemolo, aneto e barbe di finocchio e cuocere ancora 7 min. temp. *varoma* vel.1 Portare poi in tavola su un piatto da portata aggiustato di sale e pepe e servire con un filo di olio extra vergine. E' necessario che il tempo di cottura sia molto breve, per lasciare al salmone la sua morbidezza e l'umidità naturale. Contemporaneamente alla cottura delle verdure e del pesce, nel boccale potete cuocere un buon risotto ai frutti di mare.

13.1.3.9 Scaloppe Di Salmone In Salsa Di Senape

Ingredienti: 4 fette di salmone (400gr. c.a.), 400gr. di spinaci, 1 cucchiaio di cerfoglio o prezzemolo tritati, sale e pepe q.b. **Per la salsa:** 100gr. di vino bianco, 200gr. di panna fresca, 1 cucchiaio e 1/2 di succo di limone, 80gr. di burro, 3 cucchiai di senape-sale e pepe q.b.

Preparare la salsa. Inserire nel boccale il vino: 5 min. 100°C vel. 1. Unire panna, burro a pezzetti, senape e succo di limone: 30 sec. vel. 1. Salare, pepare e tenere la salsa in caldo in una salsiera. Senza lavare il boccale, inserire 600 gr d'acqua e portare ad ebollizione: 7 min. 100° C vel. 1 Lavare gli spinaci, asciugarli delicatamente con un panno, tagliarli a grosse strisce e disporli nel Varoma: 30 min. temp. *Varoma* vel. 1. Disporre nel vassoio le fette di salmone salate e pepate; dopo 10 minuti min. posizionarlo nel *Varoma* e continuare la cottura. Sistemare in 4 piatti un letto di spinaci, salarli leggermente, adagiarvi sopra le scaloppe di salmone e napparle con la salsa precedentemente preparata. Guarnire i piatti con il cerfoglio o il prezzemolo tritati e aggiungere a piacere una macinata di pepe

13.1.3.10 Fricassea Di Scampi

Ingredienti: x 4: 16 scampi giganti freschi, 2 finocchi, olio, sale, pepe. Per la salsa al limone: 30gr. di succo di limone, 40gr. d'olio, un cucchiaio di vermouth secco, 10 olive nere di Grecia snocciolate, sale, pepe.

Preparare la salsa al limone: inserire nel boccale dal foro del coperchio con lame in movimento Vel.4 le olive: 40sec. Vel.4. Posizionare la farfalla e inserire tutti gli altri ingredienti della salsa: 2min. Vel.3 e mettere da prate. Inserire ora nel boccale un lt d'acqua e portare ad ebollizione: 10min. 100° Vel.1. Lavare i finocchi, affettarli per il lungo e disporli sul fondo del varoma. Aprire a libro le code degli scampi e disporli sopra i finocchi: salare, pepare e spennellare con l'olio. Quando l'acqua bolle posizionare il varoma: 15min. *varoma* Vel.2. Al termine disporre scampi e finocchi in un piatto da portata, irrorarli con la salsa e servire subito.

Si può sostituire la salsa al limone con la salsa olandese delle "TROTE CON PATATE ".

13.1.3.11 Filetti Di Rombo Alle Verdure

Ingredienti: x 4: un rombo da cui ricavre 4 filetti(400\500 g), 4 foglie di cavolo bianco, 200gr. di verdure (carote, zucchine, sedano, rapa), succo e scorza grattugiata di un limone, 180gr. d'olio, un cucchiaio di prezzemolo tritato, sale, pepe.

Procedimento: Lavare, asciugare i filetti di rombo e metterli a marinare 30min. con 90gr. d'olio, sale, pepe e la scorza grattugiata di limone. Inserire nel boccale i 200gr. di verdure e tritarle grossolanamente: 5sec. Vel.3. Toglierle e metterle da prate. Inserire ora nel boccale 90gr. d'olio, il succo di limone, sale, pepe e prezzemolo tritato: 10sec. Vel.4 e mettere da prate. Portare ad ebollizione un lt d'acqua: 10min. 100° Vel.1. Intanto sistemare ogni filetto su una foglia di cavolo. Stendervi un po' di verdure tritate e arrotolare, legare e disporre gli involtini nel varoma. Quando l'acqua bolle posizionare il *varoma* sul boccale e cuocere: 20min. *varoma* Vel.1. Terminata la cottura trasferire gli involtini su un piatto da portata e servirli caldi, nappati con la salsa al limone tenuta da prate. Si può ottenere contemporaneamente un buonissimo brodo di pesce mettendo nel boccale con l'acqua le verdure avanzate e posizionando il cestello con i ritagli di rombo. E' ottimo con i tagliolini.

13.1.3.12 Cartocci Di Pesce Con Pomodoro

Ingredienti: x 4: 8 tranci di rana pescatrice (coda di rospo) pulito e senza spine, 4 pomodori perine, 2 piccole patate senza buccia, 1\2 cipolla rossa piccola di Tropea, una foglia d'alloro fresco, un cucchiaino di timo fresco, un mazzetto di rucola a striscioline, 2 peperoncini semipiccanti messicani (Jalapegno), olio, sale, pepe.

Procedimento: Inserire nel boccale un lt d'acqua e posizionare il cestello con el patate: 10min. 100°vel 2. Intanto disporre i pomodori nel *varoma* e quando l'acqua bolle posizionarlo sul boccale: 10min. *varoma* Vel.2. Terminata la cottura togliere le patate, sbucciarle, affettarle, salarle, profumarle con il timo e metterle da prate. Spellare i pomodori, strizzarli e inserirli nel boccale con sale, pepe, timo, cipolla e peperoncino: 15sec. Vel.3. Aggiungere le foglie d'alloro a listarelle: 10sec. Vel.1 e mettere da prate. Inserire nuovamente nel boccale un lt d'acqua: 30min. *varoma* Vel.1. Preparare 8 rettangoli di carta d'alluminio, posizionarli nel *varoma* e sul vassoio e spennellarli al centro con olio di semi. Disporre al centro di ogni rettangolo qualche fettina di patata, appoggiarvi un trancio di pesce salato e pepato, sollevare i lembi di ogni rettangolo formando tanti piccoli cestini e irrorare con la salsina preparata. Dopo 10min. posizionare il *varoma* e cuocere. Al termine togliere il coperchio del *varoma* e continuare la cottura 5min. *varoma* Vel.1. Servire il pesce nei cartoccini e guarnirlo con la rucola. Nel boccale si può cuocere contemporaneamente al pesce un buon sugo di pomodoro.

13.1.3.13   Filetti Di Persico Con Burro Al Salmone

Ingredienti (per 6 persone) 16 piccoli filetti di pesce persico, 100 gr.di salmone affumicato, 80 gr.di burro morbido, 1 albume, sale e pepe bianco macinato al momento q.b

Procedimento: Inserire nel boccale il salmone affumicato: 10 sec.vel.3. Unire il burro: 40 sec.vel.4, fino ad ottenere una crema omogenea e mettere da parte. Inserire ora nel boccale 1 lt.di acqua e portare ad ebollizione: 10 min.100°C vel.1. Nel frattempo salare e pepare i filetti di persico e tagliare 8 quadrati di carta da forno (20x20 cm.). Sopra ogni quadrato mettere un filetto di persico, spalmarlo con il burro al salmone, coprirlo con un secondo filetto e avvolgerlo nella carta avendo cura di sigillare ogni cartoccio con l'albume. Continuare così fino ad esaurimento degli ingredienti. Disporre i cartocci nel *Varoma* e, quando l'acqua bolle, posizionarlo sul boccale: 7 min. temp. *Varoma* vel.1. Terminato il tempo di cottura aprire parzialmente il coperchio e continuare la cottura per altri 5 min. Trasferire i cartocci ancora chiusi in piatti da portata precedentemente riscaldati e servirli subito. Accompagnare questo piatto con pomodorini, agretti o insalatine di stagione.

13.1.3.14   Spiedini Di Pesce Con Salsa Al Curry

Ingredienti: 300 gr.di filetti di pescatrice, 8 gamberoni, 4 grosse capesante già pulite, 1 cipollotto, 120 gr.di yogurt, 1 cucchiaio di panna fresca, 1/2 cucchiaino di maizena, 1 cucchiaino di curry forte, 1/2 cucchiaino di cumino pestato, 30 gr.di olio d'oliva, succo di 1/2 limone, sale, crescione, 12 pomodorini a ciliegia per guarnire **Preparazione:** Sistemare in una ciotola i gamberoni sgusciati, la pescatrice tagliata a dadini, le capesante, il cumino e il succo di limone. Mescolare e lasciare riposare in luogo fresco per 30 min.circa. Nel frattempo inserire nel boccale il cipollotto con 2 cucchiai d'olio: 3 min.100°C vel.3. Aggiungere curry, yogurt, maizena e sale: 5 min.80°C vel.2. Al termine aggiungere la panna: 30 sec.vel.1 e mettere da parte. Senza lavare il boccale inserire 500 gr.d'acqua: 7 min.100°C vel.1. Preparare 4 spiedini unti di olio e infilarvi una capasanta, 2 gamberoni e qualche dado di pescatrice e disporli nel vassoio del Varoma. Quando l'acqua bolle, posizionare il *Varoma* e cuocere: 5min. *varoma* Vel.1 e 3min. *varoma* Vel.1 con il coperchio socchiuso. Servire gli spiedini in piatti individuali con qualche foglia di crescione, con 3 pomodorini e la salsa a prate. Per trasformarlo in un piatto unico si possono raddoppiare le dosi e accompagnare gli spiedini con insalata mista e cocco fresco grattugiato o riso cotto al vapore.

13.1.3.15   Pesce Con Salsa Allo Zenzero

Ingredienti x 4: un dentice di 1 kg, uno spicchio d'aglio, 2 rametti di timo, olio, sale, pepe. Per la salsa allo zenzero: 4 pomodori medi spellati e a pezzi, una cipolla piccola, uno spicchio d'aglio, un mazzetto di basilico, un pezzo di zenzero grosso come un pollice, un limone 30gr. d'olio, sale, peperoncino in polvere.

Procedimento: Preparare la salsa: inserire nel boccale cipolla, aglio e olio: 3min. 100° Vel.4. Unire pomodori, sale, peperoncino e succo di limone: 5min. *varoma* Vel.1, senza misurino. Versare la salsa in un contenitore, aggiungere lo zenzero sbucciato e grattugiato e il basilico spezzettato. Aggiustare di sale e tenere la salsa in caldo in una salsiera. Senza lavare il boccale inserire un lt d'acqua: 10min. 100° Vel.1. Sciacquare il pesce già pulito sotto l'acqua corrente, asciugarlo all'interno e all'esterno, salarlo, peparlo dentro e fuori, riempirlo con il timo, lo spicchio d'aglio schiacciato, e infine disporlo leggermente unto nel varoma. Quando l'acqua bolle posizionare il varoma: 20min. *varoma* Vel.1 (Il pesce è cotto quando l'occhio è bianco e sporgente). Servire il dentice caldo con l'ottima salsina allo zenzero mantenuta tiepida.

13.1.3.16 Pescatrice Alle Spezie E Al Miele

Ingredienti: 800gr. di pescatrice (coda di rospo), 2 cucchiaini di miele, un grano di anice stellato, 1\2 cucchiaino di cumino, 1\4 di noce moscata, 6 grani di pepe nero, 6 grani di pepe bianco, un chiodo di garofano, un grappolo d'uva bianca, sale.

Procedimento: Inserire nel boccale 1, 250 lt d'acqua: 15min. 100° Vel.1. Pestare in un mortaio le spezie e metterli in una ciotola con 2 cucchiai di miele. Appoggiare la ciotola nel *varoma* e porlo sul boccale per pochi minuti, per far sciogliere il miele e amalgamare tutto. Intanto incidere la pescatrice lungo la spina dorsale e staccarla senza separare completamente il pesce dai due filetti. Spennellare l'interno dei filetto col composto di spezie, salare e legare bene con lo spago ricostruendo la forma originale del pesce. Con lo stesso composto spennellare anche l'esterno, adagiare il pesce su un foglio di carta forno, tagliare la cipolla a fettine sottili e disporla intorno al pesce con la metà degli acini d'uva sbucciati. Salare, chiudere bene il cartoccio e disporlo nel varoma. Quando l'acqua bolle posizionarlo sul boccale: 40min. *varoma* Vel.1. Ultimata la cottura, togliere il cartoccio e lasciarlo riposare qualche minuto. Posizionare nel boccale il cestello con i rimanenti acini d'uva spellati: 2min. 80° Vel.1. Aprire il cartoccio, togliere lo spago alla pescatrice, tagliarla a grosse fette, disporle in un piatto da portata con gli acini d'uva, le cipolle e servire. Si può servire contornato di patate a vapore cotte contemporaneamente nel cestello negli ultimi 25min. di cottura del pesce.

13.1.3.17 Terrine Di Sgombri E Cipolle

Ingredienti: 8 piccoli filetti di sgombro, un mazzo di cipollotti, un cucchiaio di aceto e vino bianco, succo di un limone, 10gr. di burro, sale, pepe. Per servire: pane nero, burro salato.

Procedimento: Affettare i cipollotti senza gettare la prate verde. Inserire nel boccale 1 lt d'acqua salata: 10min. 100° Vel.1. Imburrare le pareti di uno stampo d'alluminio che possa entrare nel varoma, sistemare a strati i cipollotti affettati e i filetti di sgombro fino ad esaurimanto degli ingredienti, salare e pepare. Disporre nel cestello la prate verde dei cipollotti e, quando l'acqua bolle, posizionare il cestello nel boccale: 1min. 100° Vel.3, scolarli subito e raffreddarli sotto il getto dell'acqua. Decorare i bordi e la superficie della terrina con le foglie più tenere dei cipollotti. Irrorare il tutto col succo di un limone e un cucchiaio d'aceto. Disporre la terrina nel *varoma* e porlo ben chiuso sul boccale: 10min. *varoma* Vel.1. Togliere il coperchio e continuare la cottura: 5min. *varoma* Vel.1. Servire la terrina calda con pane nero affettato e burro salato.

13.1.3.18 Capitone Con Alloro

Ingredienti: 1 kg di capitone, 30 foglie d'alloro fresco, succo di un limone, un limone a spicchi, sale.

Procedimento: Inserire nel boccale un lt d'acqua: 10min. 100° Vel.1. Intanto disporre metà dell'alloro sul fondo del *varoma* e adagiarvi il capitone tagliato a tocchetti e salato. Ricoprirlo con le restanti foglie d'alloro. Quando l'acqua bolle posizionare il *varoma* sul boccale e cuocere: 20min. *varoma* Vel.1. Terminata la cottura disporre il capitone in un piatto da portata, spruzzarlo col limone e servirlo guarnito con succo di limone.

13.1.3.19 Trancio Di Tonno Ai Peperoni

Ingredienti(per 6 persone): 800 gr.di tonno fresco in tranci alti tre dita, 3 peperoni, 1 mazzettino di basilico, 60 gr.di olive verdi, sale e pepe q.b., 90 gr.di olio extravergine di oliva.

Procedimento: Salare e pepare il tonno su tutti i lati, massaggiando il condimento sui tranci con la punta delle dita. Distribuire sul fondo del *Varoma* uno strato di foglie di basilico e disporvi il tonno. Nel vassoio sistemare i peperoni lavati, asciugati e tagliati a metà. Inserire nel boccale 1 lt.di acqua e portare
all'ebollizione: 10 min.100°C vel.1. Posizionare il *Varoma* completo sul boccale: 20 min. temp.*Varoma* vel.1. Trascorsi 15 min. togliere il vassoio con i peperoni e continuare la cottura del tonno. Nel frattempo spellare i peperoni, svuotarli dai semi e tagliarli a pezzi. A cottura ultimata, togliere il Varoma, eliminare l'acqua di cottura dal boccale, conservandone due cucchiai. Unire i peperoni: 10 sec.vel.8. Aggiungere il sale e l'olio a filo, dal foro del coperchio con lame in movimento vel.7: 30 sec.vel.7. Versare un fondo di salsa in ogni piatto, disporre il tonno sulla salsa, guarnire con le olive, qualche foglia di basilico e servire

13.1.3.20 Tranci Di Tonno Marinato

Ingredienti: X 6: 2 tranci di tonno fresco da 400gr. l'uno, un mazzetto di basilico, un mazzetto di prezzemolo, 2 peperoncini secchi piccanti, 3 grossi cipollotti, 3 cucchiai di capperi fini sott'aceto, 2 chiodi di garofano, olio quanto basta per coprire il tonno, sale, pepe.

Procedimento: Inserire nel boccale 700gr. d'acqua: 8min. 100° Vel.1. Nel frattempo distribuire nel *varoma* metà del prezzemolo e basilico lavati, appoggiarvi sopra i tranci di tonno e coprire con le erbe rimaste. Quando l'acqua bolle posizionare il *varoma* sul boccale: 30min. Vel.1 varoma. Terminata la cottura lasciare raffreddare completamente il tonno, ripulirlo delle lische e sfogliarlo con le mani. Affettare sottilmente la prate bianca dei cipollotti e condirli con i chiodi di garofano pestati, sale e pepe. In una ciotola profonda mettere uno strato di cipollotti, uno di tonno, poi capperi e ancora cipollotti. Sopra il tutto versare l'olio mescolato col peperoncino sbriciolato. Sigillare il recipiente con pellicola trasparente e tenere in frigo per 2\3 giorni, prima di servirlo accompagnato da patate al vapore o pomodori freschi e insalata mista.

13.1.3.21 Merluzzo Al Vapore Con Salsa Aioli'

Ingredienti: 900gr. di filetto di merluzzo sotto sale, già ammollato e dissalato-2 uova-1 kg. di garusoli o murice già lessati (facoltativo)-3 rape-100gr. di fagiolini-2 carote piccole-3 cipollotti-3 piccole patate rosse-100gr. di cimette di cavolfiore-2 zucchine piccole
Per la salsa all'aglio: 1 tuorlo-1/2 patata lessata-180gr. di olio extra vergine di oliva- 6 piccoli spicchi di aglio-sale grosso

Preparare la salsa all'aglio. Inserire nel boccale gli spicchi di aglio con il sale grosso: 15 sec. vel. Turbo. Unire il tuorlo e la patata sbucciata ancora tiepida: 10 sec. vel. 6. Unire l'olio come per la maionese dal foro del coperchio sulle lame in movimento a vel. 4: 1 min. vel. 4. Esaurito l'olio unire alla salsa 1 cucchiaio di acqua bollente sempre sulle lame in movimento a vel. 4. Versare la salsa ottenuta in una salsiera e tenere da parte. Preparare il merluzzo. Inserire nel boccale 1 lt. di acqua: 10 min. 100°C vel. 1. Nel frattempo sistemare nel *Varoma* tutte le verdure a pezzettoni (rape, fagiolini carote, cipollotti, patate rosse, cavolfiori e zucchine) e cuocere: 30 min. temp. *Varoma* vel. 1. Disporre sul vassoio del *Varoma* il merluzzo a pezzi grossi. Trascorsi 10 min. di cottura delle verdure sistemare nel *Varoma* il vassoio con il merluzzo e proseguire la cottura. Al termine togliere il vassoio con il merluzzo, sistemare tra le verdure le uova per farle rassodare, rimettere il vassoio e cuocere ancora: 10 min. temp. *Varoma* vel. 1.Disporre in un piatto da portata il merluzzo e i garusoli contornati dalle verdure e dalle uova sode sgusciate e tagliate a metà. Servire con la salsa precedentemente preparata nella quale si intingeranno di volta in volta i vari ingredienti.

13.1.3.22 Insalata Di Merluzzo

Ingredienti: X 6: 2 filetti di merluzzo (ammollato e dissalato), un mazzetto di prezzemolo, un cetriolo, 2 avocado maturi, succo di 2 limoni verdi, 80gr. d'olio, sale, pepe.

Procedimento: Inserire nel boccale 500gr. d'acqua: 7min. 100° Vel.1. Distribuire 1\3 del prezzemolo sul fondo del *varoma* e adagiarvi il pesce asciutto e cospargerlo col prezzemolo rimasto, tenendone un po' per la vinaigrette. Quando l'acqua bolle, posizionare il varoma: 20min. *varoma* Vel.1. Lasciar riposare 5 minuti, poi togliere il merluzzo e diliscarlo. Sbucciare e tagliare a fette sottili cetrioli e avocado. Eliminare l'acqua di cottura e inserire nel boccale il succo dei limoni, prezzemolo e olio: 20sec. Vel.6. In un'insalatiera disporre merluzzo, cetrioli, avocado, aggiustare di sale e pepe e condire con la vinaigrette preparata. Servire questa insalata dal gusto molto particolare ben fredda.

13.1.3.23 Capesante Al Vapore

Dose per 4 persone: 12 grosse capesante fresche, 1 cipollotto (solo il verde), 2 cucchiai di salsa di soia 1 pezzetto di zenzero fresco (grosso come un pollice), 4 cucchiai di olio extra vergine di oliva.

Procedimento: Inserire nel boccale 500gr. di acqua: 6 min. 100° C vel. 1. Nel frattempo aprire le capesante con un coltellino, staccare il mollusco, togliere le barbe e la sacca nera. Sciacquare i molluschi in poca acqua salata e asciugarli con un panno. Lavare bene le 6 valve concave e sistemare tre molluschi in ogni conchiglia. Sistemare le 4 conchiglie con i molluschi nel Varoma e quando l'acqua bolle, posizionarlo sul boccale: 6 min. temp. *Varoma* vel. 3. Togliere il *Varoma* lasciandolo però chiuso ed eliminare l'acqua di cottura. Inserire nel boccale, dal foro del coperchio con lame in movimento vel. 6, la parte verde del cipollotto, aggiungere olio, salsa di soia e zenzero: 2 min. 40° C vel. 4. Versare nelle 2 conchiglie rimaste vuote la salsina. Servire una conchiglia con le capesante a persona e al centro sistemare le conchiglie con la salsa per intingere ogni mollusco. Consigli: per un pranzo completo si può contemporaneamente preparare un risotto ai frutti di mare nel boccale, ponendo poi il *Varoma* con i molluschi negli ultimi minuti di cottura e preparando per prima cosa la salsina.

13.1.3.24 Filetti Di Branzino Farciti

Dose per 4 persone 2 branzini (1 kg. circa) squamati e sfilettati, con la pelle - 1 filetto di trota salmonata (180gr. circa) - 1 ciuffo di prezzemolo - 1 scatola di mais precotto 1 uovo - 1/2 mis. di panna da cucina - 1/2 pomodoro maturo - 5 zucchine novelle - olio extra vergine di oliva a piacere - qualche filo di erba cipollina - 10 gocce di tabasco - sale e pepe q.b.

Procedimento: Inserire nel boccale la trota e il prezzemolo: 15 sec. vel. 4. Aggiungere a filo la panna: 10 sec. vel. 4. Aggiungere uovo, sale, pepe, tabasco e erba cipollina: 20 sec. vel. 4. Tagliare a cubetti 1/2 zucchino e la parte esterna del pomodoro. Amalgamare la dadolata alla farcia: 10 sec. vel. 4 e mettere da parte. Inserire nel boccale 1 litro di acqua e portarla all'ebollizione: 10 min. 100° C vel. 1. Sistemare su un foglio di pellicola da cucina un filetto di branzino. Coprirlo con metà della farcia. Sovrapporre l'altro filetto e avvolgere il tutto nella pellicola ben stretta. Ripetere lo stesso procedimento per gli altri due filetti. Sistemare i due pesci ricomposti nel Varoma. Nel vassoio distribuire il mais scolato dal suo liquido e le zucchine tagliate a fiammifero. Quando l'acqua bolle posizionare il *Varoma* sul boccale: 15 min. temp. *Varoma* vel. 1. Girare i pesci e terminare la cottura: 15 min. temp. *Varoma* vel. 1. Scartare il pesce e tagliarlo a fette di circa 3 cm. ciascuna. Sistemare le fette di branzino al centro di un piatto da portata e intorno distribuire il mais e le zucchine alternate tra loro. Condire con sale, pepe, olio extra vergine di oliva e servire. Sono veramente speciali.

13.1.3.25 Calamari Con Carciofi E Piselli

X 4: 800gr. di calamari freschi o surgelAti, 5 carciofi, 200gr. di pisellini freschi o surgelati, 100gr. olio, un mis vino bianco secco, uno spicchio d'aglio, prezzemolo tritato, peperoncino (facoltativo), sale, pepe.

Procedimento: Pulire i calamari e tagliarli ad anelli. Inserire nel boccal aglio e olio: 3min. 100° Vel.4. Posizionare la farfalla e inserire i calamari, salare e pepare: 5min. 100° Vel.1. Aggiungere il vino: 3min. 100° Vel.1. Unire un mis d'acqua: 25min. temp *varoma* Vel.1. Disporre nel *varoma* i cuori di carciofo o fettine, nel vassoio i piselli e dopo 5min. posizionarlo sul boccale. A fine cottura disporre calamari, carciofi e piselli in un piatto da portata e irrorarli col loro sughetto. Prima di servire cospargere con prezzemolo tritato.
A piacere si possono sostituire i calamari con le seppie.

13.1.3.26 Tortino Di Bianchetti

Ingredienti: x 4: 500gr. di bianchetti, 2 uova, 2 cucchiai di farina, 50gr. di pecorino grattugiato, 1\2 spicchio d'aglio, 3 patate medie, sale, prezzemolo e peperoncino. Per il sugo: 700gr. di passata di pomodoro, 8\10 filetti d'acciughe o un po' di pasta d'acciughe, 80gr. d'olio, 2 spicchi d'aglio, 30gr. di pangrattato tostato, poco peperoncino, sale, pepe.
Procedimento: Lavare bene i bianchetti e lasciarli sgocciolare. Inserire nel boccale pecorino, prezzemolo aglio e peperoncino: 20sec. Vel.6. Aggiungere farina, uova, sale e pepe: 30sec. Vel.6. Versare il preparato ottenuto sui bianchetti e amalgamare bene delicatamente. Preparare il sugo: inserire nel boccale pulito olio, aglio, peperoncino, acciughe: 3min. 100° Vel.3. Aggiungere la passata e il sale: 10min. 100° Vel.1. Disporre il composto di bianchetti preparato sul vassoio del varoma, foderato con carta forno. Disporre nel *varoma* le patate a fettine. Quando il sugo bolle, posizionare il *varoma* completo sul boccale: 30min. *varoma* Vel.1. Presentare il tortino contornato dalle patate. Usare il sugo per condire spaghetti che, a piacere, potranno essere cosparsi con un po' di pangrattato tostato.

13.1.3.27 Cozze E Riso Allo Zafferano

X 4: 300gr. di riso a grana lunga, 1, 2 kg di cozze già pulite, una stecca di cannella, una grossa presa di zafferano, 3 cipollotti, una testa d'aglio, un mazzo di prezzemolo, 2 lime o limoni, olio, sale, pepe.
Procedimento: Inserire nel boccale 900gr. d'acqua salata e posizionare il cestello: 7min. 100° Vel.1. Nel frattempo disporre sul fondo del *varoma* i ciuffi del prezzemolo, le cozze, i cipollotti tagliati a metà in lunghezza, l'aglio e la stecca di cannella. Inserire dal foro del coperchio il riso e lo zafferano nel cestello, posizionare il *varoma* sul boccale: 13min. *varoma* Vel.4. Sgranare il riso sul piatto da portata e decorarlo con le cozze gli aromi di cottura. Irrorare con un filo d'olio, spruzzare con succo di limone (o lime) e servire il piatto caldo o freddo a piacere con una macinata di pepe.

13.1.3.28 Cozze E Patate

Ingredienti: x 4: 1, 2 kg di cozze, 6 patate rosse piccole, 300gr. di pomodorini sardi, un mazzetto di basilico, 2 spicchi d'aglio, 2 scalogni, 2 rametti di prezzemolo, olio, sale, pepe.
Procedimento: Inserire nel boccale 800gr. d'acqua, aglio, scalogni, prezzemolo, sale e pepe. Posizionare il cestello con le patate tagliate a metà: 10min. 100° Vel.1. Disporre le cozze ben lavate nel varoma, salarle leggermente, aggiungere i pomodori incisi a croce e qualche rametto di basilico. Posizionare il *varoma* sul boccale e continuare la cottura: 20min. *varoma* Vel.3. A fine cottura lasciare nel boccale 2 misurini del liquido di cottura, aggiungere il prezzemolo rimasto, 2 cucchiai d'olio e pepe: 30sec. Vel.6. Disporre cozze e patate in un piatto da portata, irrorare con un po' di sughetto e servire col rimanente sugo a parte.

13.1.3.29 Gianchetti Con Verdure

Ingredienti: (per 4 persone) 500 gr. di gianchetti, 1 limone, olio, sale, pepe, prezzemolo, aglio facoltativo, 800 gr. di patate, 300 gr. di carotine.

Procedimento: Pulire i gianchetti, sgocciolarli bene, salarli, peparli e disporli nel vassoio del *Varoma* precedentemente foderato di carta stagnola. Nel *Varoma* disporre le carote a bastoncini. Tagliare le patate a tocchi. Inserire nel boccale 800 gr.di acqua, 20 gr.di sale e posizionare il cestello: 25 min.temp.*Varoma* vel.2. Dopo
10 min.mettere le patate nel cestello, posizionare il *Varoma* sul boccale e completare la cottura. Al termine sistemare i gianchetti al centro di un piatto da portata e contornarli con le patate e le carotine. Irrorare con un filo d'olio, cospargere di prezzemolo, poco sale e pepe, spruzzare con il succo di limone i pesci e, a piacere, aggiungere l'aglio tritato.

13.1.3.30 Filetti Di Orata All'arancia Con Porri

Ingredienti: 500gr. di filetti di orata; 10 code di gamberoni; 50gr. di burro; 2 porri; 1 cipollotta; 200gr. di succo di arancia; 1 arancia; 1/2 min. di vermouth bianco; 2 cucchiai di olio; 1 cucchiaio di semi di finocchio; pepe macinato e sale q.b..
Procedimento: inserire nel boccale sale, pepe e semi di finocchio: 3" vel. Turbo e mettere da parte. Inserire ora b gliati a strisce e portare all'ebollizione: 5' 100° vel.
1. Nel frattempo disporre nel *Varoma* i filetti di orata, cospargerli con urro e cipolla: 3' 100° vel. 4. Unire vermouth, succo d'arancia, 200gr. di acqua e posizionare il cestello con i porri ta il trito di sale e aromi, irrorarli con l'olio e contornarli con le fettine d'arancia: distribuire i gamberoni nel vassoio. Coprire e posizionare il *VAroma* sul boccale: 15' temp. *Varoma* vel. 1. Terminata la cottura distribuire il pesce in un piatto da portata, contornarlo con le strisce di porro ed i gamberoni; irrorare con il fondo di cottura e guarnire con una julienne di scorza d'arancia.

13.1.3.31 Torta Di Pesce Spada

Ingredienti: X 4: 600\700gr. di pesce spada (4 fette), 15\20 pomodorini sodi e maturi, 130gr. di pane secco, 70gr. di parmigiano, 30gr. di pecorino, uno spicchio d'aglio, un cucchiaio abbondante di capperi dissalati, un ciuffo di prezzemolo, 90gr. d'olio, 3 filetti d'acciughe salate (facoltativi), sale, pepe. Per il sugo: 700gr. di passata di pomodoro, 60gr. d'olio, una cipolla media, 20gr. di olive verdi snocciolate, un cucchiaio di capperi dissalati, un gambo di sedano, sale, pepe.
Procedimento: Togliere la calotta superiore ai pomodorini, salarli e metterli capovolti a sgocciolare. Inserire nel boccale pane, formaggi, capperi, prezzemolo, aglio e acciughe: 30sec. Vel.8. Unire sale, pepe e 40gr. d'olio: 20sec. Vel.2 e mettere da parte. Preparare il sugo: sciacquare il boccale e inserire cipolla e sedano: 15sec. Vel.3. Unire olio, capperi e olive a fettine: 4min. 100° Vel.1. Aggiungere la passata di pomodoro, 1 misurino d'acqua, sale e pepe: 35min. *varoma* Vel.1. Nel frattempo farcire i pomodorini col composto tenuto da parte e disporli nel varoma; adagiarvi sopra le fette di pesce spada ben asciutte e unte con l'olio rimasto. Cospargerle col composto rimasto e aggiungere anche qualche fettina di pomodoro ricavata dalla calotta e qualche cappero. Dopo 15min. dall'inizio della cottura del sugo, posizionare il *varoma* sul boccale con i pomodori e il pesce e continuare la cottura per il tempo previsto. Adagiare il *varoma* su un piatto da portata, tenerlo al caldo e servirlo così, dopo un bel piatto di spaghetti conditi col sughetto preparato nel boccale.

13.1.3.32 Filetti Di Trota Salmonata

Ingredienti: x 4: 2 filetti di trota salmonata, 150gr. di ricotta magra, un cucchiaio d'olio, 150gr. di vino bianco, un azzetto di erbe profumate, crescione fresco, sale, pepe.
Procedimento: inserire nel boccale il mazzetto di erbe profumate e la ricotta: 30sec. Vel.7. Sui filetti di trota spalmare il composto ottenuto ed aggiungere sale e pepe. Posizionare i filetti nel *varoma* e cospargerli con l'olio. Inserire nel boccale 500gr. d'acqua e il vino bianco: 5min. 100° Vel.1. Posizionare il *varoma* sul boccale e cuocere: 10min. *varoma* Vel.1. In un piatto da portata presentare i filetti col crescione fresco e servire.

13.1.4 Frutta e dolci

13.1.4.1 Pere Helene

Ingredienti: x 6: 6 pere da 200gr. l'una, succo e scorza di un limone, 250gr. di zucchero, un chiodo di garofano, un pizzico di cannella. Per la salsa al cioccolato: 2 cucchiai di fecola, 20gr. di cacao amaro, un cucchiaio di zucchero, 150gr. di cioccolato fondente, 150gr. di latte o panna.

Procedimento: Inserire nel boccale 500gr. d'acqua, zucchero, scorza di limone, chiodo di garofano e cannella: 6min. *varoma* Vel.1. Nel frattempo sbucciare le pere, lasciando il picciolo, irrorarle con succo di limone e disporle in piedi nel varoma. Quando l'acqua bolle, posizionare il *varoma* sul boccale: 15min. *varoma* Vel.1. Terminata la cottura togliere le pere dal *varoma* e disporle in un piatto da portata. Togliere lo sciroppo rimasto nel boccale e metterlo da parte. Preparare la salsa: inserire nel boccale asciutto il cioccolato fondente: 3sec. Vel.turbo. Aggiungere tutti gli altri **ingredienti:** 7min. 80° Vel.2. Versare la salsa sulle pere e servirle fredde con una pallina di gelato alla vaniglia.
NOTE: Lo sciroppo di cottura rimasto, potete utilizzarlo come base per qualunque tipo di sorbetto.
Se le pere fossero più grosse, aumentate il tempo di cottura di una decina di minuti.

13.1.4.2 Mele Al Vapore Con Zabaione Calvados

Ingredienti: X 6: 4 mele Granny Smith, succo di 1\2 limone, Per lo zabaione: 2 uova e 2 tuorli, 120gr. di zucchero, 150gr. di vino bianco secco, 1\2 mis di calvados.

Procedimento: inserire nel boccale 400gr. d'acqua: 5min. 100° Vel.1. Nel frattempo sbucciare le mele: togliere il torsolo, affettarle, spruzzarle col succo di limone e disporle nel varoma. Quando l'acqua bolle posizionare il varoma: 12min. *varoma* Vel.1. Disporre le mele su un piatto da portata e lasciarle raffreddare. Eliminare l'acqua di cottura, posizionare la farfalla e inserire nel boccale tutti gli ingredienti per lo zabaione: 5min. 70° Vel.3. Versare lo zabaione sulle mele e servirle calde o, a piacere, fredde, dopo averle riposte per qualche tempo in frigo.
NOTA: Le mele Granny Smith sono mele verdi dal sapore acidulo, ma potete sostituirle con altre varietà. Il Calvados potrà essere sostituire da grappa alle pere o ad altri gusti di frutta e, a piacere, sostituire sia la grappa che il Calvados con due misurini di Sidro.

13.1.4.3 Mele Al Vapore Di Moscato

Ingredienti: x 4: 700gr. di mele, 300gr. di moscato, 50gr. di zucchero, 2 chiodi di garofano

Procedimento: Inserire nel boccale 200gr. d'acqua col moscato e i chiodi di garofano e portare ad ebollizione: 6min. 100° Vel.1. Sbucciare le mele, tagliarle in quarti, disporle nel *varoma* e cospargerle con lo zucchero. Quando il liquido bolle, posizionare il *varoma* e cuocere 12min. *varoma* Vel.1. Servirle bagnandole con pochissimo sciroppo di cottura.

13.1.4.4 Budino Di Ricotta Con Salsa Di Fragole

Ingredienti: x 6\8: 300gr. di ricotta, 100gr. di zucchero, 100gr. di mandorle spellate, 3-4 mandorle amare (facoltativo), 4 uova intere, 2 scorze di limone. Per la salsa: succo di 1\2 limone, 500gr. di fragole, 100gr. di zucchero, foglie di menta.
Inserire nel boccale zucchero, mandorle e scorza di limone: 1min. Vel.turbo. Unire la ricotta: 1min. Vel.4; aggiungere una alla volta le uova e lavorare ancora: 1min. Vel.4. Versare la crema in uno stampo da budino col foro centrale (diam 20 alt 7 cm), ben imburrato, coprirlo con la stagnola lasciando libero il centro e posizionarlo nel varoma. Inserire nel boccale 600gr. d'acqua: 7min. 100° Vel.2. Posizionare il varoma: 30min. *varoma* Vel.1. Togliere lo stampo, lasciarlo intiepidire e sformare in un piatto da portata. Eliminare l'acqua di cottura e inserire nel boccale 300gr. di fragole, lo zucchero e il succo del limone: 4min. 70° Vel.5. Prima di servire, disporre al centro le fragole rimaste, polverizzate di zucchero. Versare attorno la salsa e guarnire con foglie di menta.

Per la cottura si possono usare anche stampini monodose. La salsa può essere preparata anche con lamponi, frutti di bosco, kiwi, ecc...

13.1.4.5 Macedonia D'estate

Ingredienti: x 4: 3 albiccocche, 3 pesche, 50gr. di lamponi, 50gr. di zucchero, scorze di 2 limoni.

Inserire nel boccale 500gr. d'acqua, le scorze di limone e portare ad ebollizione: 6min. 100° Vel.1. Sbucciare le pesche e disporle con le albiccocche nel varoma, dopo averle tagliate in quarti. Spolverizzarle con lo zucchero, coprire e quando l'acqua bolle posizionare sul boccale: 12min. *varoma* Vel.1. Terminata la cottura disporre la frutta cotta in coppette, unire i lamponi e bagnarla con pochissima acqua del fumetto. Servirla fredda con gelato alla vaniglia.

13.1.4.6 Macedonia Di Frutta Allo Spumante

Ingredienti: x 4: 700gr. di frutta mista, 50gr. di zucchero, 300gr. di spumante, un cucchiaino di cannella in polvere, 3 chiodi di garofano.

Inserire nel boccale 200gr. d'acqua, lo spumante, i chiodi di garofano e la cannella e portare ad ebollizione: 6min. 100° Vel.1. Sbucciare e tagliare in quarti la frutta e disporla a corona nel *varoma* spolverizzandola di zucchero. Quando l'acqua bolle, posizionare il *varoma* sul boccale e cuocere: 15min. *varoma* Vel.1. Servire la macedonia tiepida, bagnandola con pochissima acqua del fumetto di cottura.

13.1.4.7 Pudding Di Mele

Ingredienti: 150gr. di farina miscelata con lievito; 2 uova; 50gr. di latte; 80gr. di zucchero; 100gr. di burro morbido; 50gr. di uvetta bionda; 50gr. di cognac; 450gr. di mele renette; 2 cucchiai di miele; 1 cucchiaio di cannella; 50gr. di zucchero di canna. Procedimento: mettere in ammollo l'uvetta nel cognac. **Procedimento:** Sbucciare le mele, tagliarle a fettine, disporle in un piatto, aggiungere le uvette, la cannella, e lo zucchero di canna. Mescolare il tutto. Inserire nel boccale farina, uova, latte, zucchero e burro: 1' portando lentamente da vel. 2 a vel. 4. Deve risultare un impasto compatto ma morbido. Imburrare uno stampo di alluminio (18 x 22 cm. alt. 6 cm), versa sul fondo il miele, poi uno strato di impasto, uno di mele, uno d'impasto ed infine ancora uno di mele. Chiudere lo stampo con carta forno e porlo nel Varoma. Inserire nel boccale 1 lt. e 1/2 di acua: 12' 100° vel. 1. Quando l'acqua bolle, posizionare il VAroma: 1 ora e 10' temp. VAroma, vel. 1. Terminata la cottura, lasciare raffreddare, sformare e servire.

13.1.4.8 Torta Di Mele Caramellata

Ingredienti: (per 6 persone) 800 gr.di mele renette, 1/2 mis.di fecola, 120 gr.di zucchero, succo di 1/2 limone, 2 cucchiai di panna, 1 mis.scarso di latte, 4 uova, 1 cucchiaino di cannella in polvere,
100 gr.di zucchero per il caramello.

Procedimento: Sbucciare le mele e tagliarle a pezzi tranne una, che va affettata e lasciata a macerare nel succo di limone. Inserire nel boccale 500 gr.di acqua: 6 min.100°C vel.1. Disporre nel *Varoma* le mele a pezzi e, quando l'acqua bolle, posizionare nel boccale il *Varoma* e cuocere: 8 min.temp.*Varoma* vel.1 Eliminare l'acqua di cottura e inserire nel boccale le mele cotte, zucchero, fecola, cannella, panna e latte: 30 sec.vel.4. Aggiungere ora, dal foro del coperchio con lame in movimento vel.4, le uova: 30 sec.vel.4. Preparare il caramello sul fuoco e versarlo in uno stampo (diam.20 cm.alt.7 cm.). Distribuirlo bene sul fondo e sui lati. Disporre le fettine di mele, ricoprirle con il composto di mele, livellarlo bene, coprirlo con un foglio di alluminio e disporlo nel Varoma.
Inserire nel boccale 1 lt.di acqua: 10 min.100°C vel.1. Quando l'acqua bolle, posizionare il *Varoma* sul boccale e cuocere: 50 min.temp.*Varoma* vel.1. Lasciare raffreddare e sformare. Servire la torta così o accompagnata da crema inglese.

13.1.4.9 Pesche Con Purea Di More

Ingredienti: x 4: 4 pesche non troppo mature, 500gr. di more, 4 cucchiai di zucchero, panna per guarnire.

Procedimento: Sbucciare le pesche, tagliarle a metà e disporle nel varoma. Inserire nel boccale 400gr. d'acqua, disporre le more nel cestello, posizionarlo nel boccale e cuocere 5min. 100° Vel.1. Posizionare ora il *varoma* con le pesche sul boccale e continuare la cottura: 20min. *varoma* Vel.1. Mettere da prate il *varoma* con le pesche, eliminare l'acqua dal boccale e inserire le more con lo zucchero: 20sec. Vel.turbo. Lasciare raffreddare la purea di more e disporla sul fondo di 4 coppette. Mettere in ogni coppetta una pesca sulla purea e servirle fredde con fiocchetti di panna.
Si possono sostituire le pesche con pere williams e le more con ribes o lamponi, fragole, ecc.. aggiungendo un cucchiaino di zucchero in più.

13.1.4.10 Charlotte Di Pesche

Ingredienti: x 8: 5 pesche bianche, un pacco di savoiardi da 300 g, 6 cucchiai di zucchero, 100gr. di burro, salsa all'uva fragola (vedere tra le ricette delle "preparazioni di base")

Procedimento: Sbucciare e tagliare le pesche a spicchi. Inserire il burro nel boccale: 4min. 40° Vel.1 e metterlo da prate. Inserire nel boccale 1, 200 lt d'acqua e portare ad ebollizione: 12min. 100° Vel.1. Spennellare con un po' di burro fuso, uno stampo da charlotte e foderarlo con carta forno (il burro serve da collante tra la carta e lo stampo). Appoggiare sul fondo uno strato di pesche, cospargerle di zucchero e irrorarle con una prate del burro sciolto. Coprire con una prate di savoiardi sagomati a misura dello stampo. Procedere alternando le pesche col burro e lo zucchero ai biscotti e terminare con questi ultimi. Coprire con un foglio d'alluminio e sistemare lo stampo nel varoma. Quando l'acqua bolle, posizionare il *varoma* sul boccale e cuocere: 60min. 100° *varoma* Vel.1. Al termine lasciare raffreddare e sformare la charlotte in un piatto da portata. Servirla ben fredda con salsa all'uva fragola.
Come stampo si può utilizzare quelli d'alluminio usa e getta di forma ovale che si adatta perfettamente al varoma. Per arricchire questo pudding, tra le pesche e i biscotti, si può mettere uno strato di crema pasticcera.

13.1.4.11 Pudding Di Frutta Secca

Ingredienti: x 6: 100gr. di fichi secchi, 100gr. di datteri freschi, 60gr. di uvetta, 100gr. di farina, 80gr. di burro, 2 piccole uova, un cucchiaio di pangrattato, 25gr. di mandorle, un cucchiaio di rum, succo e scorza di 1\2 limone, 2 cucchiai di latte, un pizzico di sale, un cucchiaino scarso di lievito in polvere. Per servire: crema inglese, zenzero a piacere.

Procedimento: Inserire nel boccale, dal foro del coperchio, con lame in mov Vel.6, le mandorle: 20sec. Vel.6 e mettere da prate. Tagliare a pezzettini fichi e datteri e metterli con l'uvetta in una terrina e bagnarli col rum. Inserire nel boccale 1\2 lt d'acqua: 6min. 100° Vel.1. Nel frattempo disporre nel *varoma* la terrina con la frutta secca e, quando l'acqua bolle, posizionarlo sul boccale: 5min. *varoma* Vel.1. Spostare leggermente il coperchio del *varoma* e lasciar gonfiare la frutta secca ancora per 10min. *varoma* Vel.1. Infine unire alla frutta il burro, il succo e la scorza di limone grattugiata, mescolare bene e mettere tutto in una vaschetta domopak (cap. 1 lt). Raffreddare il boccale, posizionare la farfalla e inserire uova e sale: 40sec. Vel.3; aggiungere la farina mescolata al lievito, il pangrattato e le mandorle tritate e il latte: 20sec. Vel.1. Versare il composto ottenuto sopra la frutta, coprire con un foglio di carta forno e sistemare la vaschetta nel varoma. Inserire nel boccale 1, 200 lt d'acqua: 12min. 100° Vel.1. Posizionare il varoma: 60min. *varoma* Vel.1. Lasciare intiepidire il pudding, sformarlo e servirlo con crema inglese profumata con un cucchiaino di zenzero candito tritato.

13.1.4.12 Dolcetti Di Dattero

Ingredienti: x 4: 350gr. di datteri freschi, 60gr. di miele, 70gr. di pistacchi sgusciati, 180gr. di fiocchi d'avena precotti, 30gr. di sesamo, un cucchiaio e 1\2 d'acqua di rose per dolci, scorza di un'arancia non trattata, olio di arachidi.

Procedimento: Immergere i pistacchi in acqua bollente per 30min. e strofinarli tra le dita per eliminare bene tutte le pellicine. Farli asciugare, tritarli grossolanamente con 2\3 colpi di turbo e metterli da prate. Tritare finemente i datteri privati del nocciolo inserendoli nel boccale dal foro del coperchio con lame in mov Vel.6: 30sec. Vel.6. Unire l'acqua di rose: 15sec. Vel.3. Aggiungere miele, fiocchi d'avena e metà dei pistacchi tritati: 30sec. Vel.3, spatolando. Con le mani leggermente unte d'olio di arachidi formare dei dolcetti a forma di ciambelline e disporli, con la scorza d'arancia tagliata sottile, nel *varoma* leggermente unto. Senza sciacquare il boccale inserire 750gr. d'acqua: 8min. 100° Vel.7. Posizionare il *varoma* sul coperchio e cuocere: 12min. *varoma* Vel.2. Tostare i semi di sesamo in una padella antiaderente per 3min. circa, mescolando, facendo attenzione che non si scuriscano troppo e unirli ai piastacchi tenuti da prate. Servire i dolcetti dopo averli passati, ancora tiepidi, nel sesamo e nei pistacchi rimasti. Sono più buoni se gustati il giorno dopo.

13.1.4.13   Fichi Con Salsa Di Fragoline Selvatiche

Ingredienti: x 6: 16 fichi maturi e sodi, 200gr. di fragoline di bosco, 2 cucchiai di zucchero, un foglio di colla di pesce, un cucchiaio di creme de fraise (liquore di fragole selvatiche).

Procedimento: Mettere a bagno la colla di pesce in un bicchier d'acqua fredda. Scolarla, strizzarla bene e inserirla nel boccale con fragole, zucchero e liquore: 20sec. Vel.4 e 1min. Vel.turbo. Togliere e mettere da parte. Inserire nel boccale 1 lt d'acqua: 12min. 100° Vel.1. Nel frattempo lavare i fichi, asciugarli e adagiarli in un contenitore di pirex o d'alluminio a bordi alti che entri nel varoma, irrorarli con la salsa precedentemente preparata e coprire il tutto con un foglio d'alluminio sigillando bene il contenitore. Quando l'acqua bolle, posizionare il *varoma* sul boccale: 30min. *varoma* Vel.1. Terminata la cottura, lasciarlo intiepidire e riporre in frigo fino al giorno dopo. E' un ottimo dessert.

In mancanza di fragoline selvatiche e di creme de fraise, la salsina della ricetta può essere sostituita con la seguente: 100gr. di zucchero, 200gr. di fragole, succo di 1\2 limone: 4min. 80° Vel.4. A piacere potete anche sostituire il limone con 1\2 mis di grappa o cognac.

CARTOCCI DI FRUTTA ALLE SPEZIE

Ingredienti: x 4: 2 banane, 4 fichi secchi, 2 pere decana, un cucchiaino di succo di limone, un baccello di cardamomo, 1\2 cucchiaino di cannella, un cucchiaio di zucchero, 2 cucchiai di liquore all'amaretto, 4 Palline di gelato al cocco.

Procedimento: Preparare 4 quadrati di carta speciale per dolci, bagnata e strizzata o carta forno. In una ciotola porre le banane sbucciate e tagliate a rondelle spesse e le pere sbucciate, affettate non troppo finemente. Bagnare la frutta col succo di limone, spolverizzarla di zucchero, aromatizzarla con la cannella e i semi di cardamomo pestati (si ottengono rompendo l'involucro del cardamomo): mescolare e lasaciar riposare tutto per 30 m. Distribuire 1\4 della preparazione in ogni cartoccio. Porre al centro di ognuno un fico secco inciso a croce, spruzzare col liquore all'amaretto, chiudere bene i cartocci e disporli nel varoma. Inserire nel boccale 1 lt d'acqua: 10min. 100° Vel.1. Quando l'acqua bolle posizionare il varoma: 10min. *varoma* Vel.1. A questo punto togliere il coperchio del varoma, aprire leggermente i cartocci e continuare la cottura per 3 minuti. Mettere un cartoccio su ogni piatto, aprirlo, mettere al centro una pallina di gelato appena tolto dal freezer e servire subito.

13.1.4.14 Composta Di Albicocche

Ingredienti: x 6: 350gr. di albicocche secche, 80gr. di zucchero, una bustina di tè nero, un cucchiaio di acqua di fiori d'arancio. Per servire: yogurt greco o gelato di vaniglia, mandorle tritate 8facoltative)

Procedimento: Versare nel boccale un lt d'acqua: 10min. 100° Vel.1. Preparare nel frattempo un'abbondante tazza di tè nero. Disporre le albicocche in un contenitore d'alluminio che possa essere messo nel varoma, irrorarle col tè, e quando l'acqua bolle, posizionarlo sul boccale: 30min. *varoma* Vel.1. Scolare le albicocche. Togliere l'acqua dal boccale, inserire zucchero e albicocche: 20sec. Vel.5 spatolando. Lasciare raffreddare, incorporare l'acqua di fiori d'arancio: 10sec. Vel.4. Sistemare la composta in coppette individuali e lasciarle raffreddare in frigo per qualche ora. Servirle con yogurt greco o con del gelato alla vaniglia spolverizzato di mandorle tritate.

13.1.4.15 Clafoutis Di Lamponi

Ingredienti: x 4: 300gr. di latte, 2 cucchiai di panna fresca, 2 uova e 2 tuorli, 50gr. di maizena, 150gr. di zucchero, una bustina di vanillina, 400gr. di lamponi freschi o surgelati, 20gr. di burro.

Procedimento: Inserire nel boccale uova e tuor li, 120gr. di zucchero, maizena e vanillina: 10sec. Vel.5. Aggiungere dal foro del coperchio can lame in movimento Vel.5, panna e latte: 10sec. Vel.5 e mettere da prate il composto ottenuto. Inserire ora nel boccale un lt d'acqua: 10min. 100° Vel.1. Nel frattempo ungere con poco burro piccoli ramequins individuali d'alluminio o porcellana, da porre internamente al varoma; disporvi i lamponi, versarvi sopra il composto tenuto da prate e porli nel varoma. Quando l'acqua bolle posizionare il *varoma* sul boccale e cuocere: 40min. *varoma* Vel.1. Al termine togliere i ramequins, spolverizzare la superficie con lo zucchero rimasto e servirli caldi o tiepidi.
Si può servire caldo accompagnato da gelato alla vaniglia o alla panna.
Contemporaneamente alla cottura di questo dessert nel boccale si può preparare una marmellata.

13.1.4.16 Budino Di Semolino Con Canditi

Ingredienti: x 6: 500gr. di latte, una stecca di vaniglia, 100gr. di semolino, 2 tuorli, 3 albumi montati a neve, 70gr. di zucchero, 40gr. di burro, 50gr. di nocciole tritate, 50gr. di frutta candita (arancia, limone, cedro), 10 cm di angelica, sale, una dose di salsa di frutta a piacere (vedi ricetta in "preparazioni di base")

Procedimento: inserire nel boccale il latte e la stecca di vaniglia incisa su due lati: 5min. 100° Vel.1. Togliere la vaniglia. Unire il semolino dal foro del coperchio con lame in movimento Vel.2: 3min. 100° Vel.2. Aggiungere sale, zucchero e burro: 10sec. Vel.2-3. Incorporare tuorli, nocciole, canditi: 10sec. Vel.4. Inserire gli albumi a neve e con la spatola mescolare delicatamente. Imburrare uno stampo d'alluminio e versarvi la preparazione, battendo lo stampino sul piano per colmare i vuoti. Inserire un lt d'acqua nel boccale e portare ad ebollizione: 10min. 100° Vel.1. Sistemare lo stampo nel *varoma* e quando l'acqua bolle posizionarlo ben chiuso sul boccale: 30min. *varoma* Vel.1. Quando sarà freddo sformare il budino in un piatto da portata e cospargerlo di salsa di frutta. Decorare con nocciole e angelica tagliata a bastoncini finissimi.

13.1.4.17 Budini Di Semola Alle Arance Amare

Ingredienti: x 6: 50gr. di semolino, 50gr. di cioccolato fondente, 20gr. di uvetta, 300gr. di latte, un uovo, 20gr. di zucchero, 15gr. di burro, 100gr. di gelatina di arance amare.
Procedimento: Inserire il latte nel boccale: 4min. 100° Vel.1. Aggiungere dal foro del coperchio con lame in movimento Vel.2 il semolino a pioggia: 7min. 80° Vel.2. Aggiungere il cioccolato a pezzi, lo zucchero e l'uvetta: 20sec. Vel.1. Versare la crema in una ciotola, lasciarla intiepidire e aggiungere un tuorlo mescolando energicamente. Nel boccale perfettamente pulito posizionare la farfalla e inserire l'albume: 2min. Vel.2\3. Aggiungere delicatamente l'albume montato a neve alla crema. Inserire nel boccale 500gr. d'acqua: 5min. 100° Vel.1. Pennellare 6 stampini in alluminio col burro, riempirli con la crema tenuta da parte, chiuderli ermeticamente con un dischetto d'alluminio e disporli nel varoma. Quando l'acqua bolle posizionare il *varoma* sul boccale: 20min. *varoma* Vel.1. Diluire la gelatina di arance con 4 cucchiai d'acqua in una salsiera e riscaldarla ponendola sopra al *varoma* negli ultimi minuti di cottura. Sformare i budini e servirli ancora caldi con la salsa di arance.

13.1.4.18 Budino Dolce Alla Carota

Ingredienti: X 6: 600gr. di carote, 200gr. di panna fresca, 50gr. di zucchero, un cucchiaino di miele, un baccello di cardamomo, una bustina di zafferano, 1\2 cucchiaino di cannella, 2 uova, 15gr. di burro per imburrare lo stampo, 2 cucchiai di mandorle sfilettate.
Procedimento: Tagliare le carote a rondelle e disporle nel varoma. Inserire nel boccale un lt d'acqua: 30min. *varoma* Vel.1. Dopo 10 minuti posizionare il *varoma* sul boccale e continuare la cottura. Al termine lasciare raffreddare le carote e inserirle nel boccale: 1min. Vel.5. Unire panna, zafferano, miele, zucchero, uova, cannella e cardamomo: unmin. Vel.7. Versare il composto in uno stampo d'alluminio da 1 lt circa, precedentemente imburrato e coprirlo con carta forno. Inserite 1 lt d'acqua nel boccale: 30min. *varoma* Vel.1. Dopo 10 minuti disporre lo stampo nel varoma, posizionarlo sul boccale e continuare la cottura. Terminata la cottura, lasciar raffreddare il budino in frigorifero per 2\3 ore. Sformarlo, cospargerlo di mandorle e servirlo. Si presenta ancora meglio se preparato in ramequin individuali di porcellana.

13.1.4.19 Germknodel (Canederli)

Ingredienti: x 4: 160gr. di farina, 40gr. di latte, 15gr. di lievito di birra, un uovo (50 g), 10gr. di zucchero, 20gr. di burro, 3 prugne snocciolate, un cucchiaio d'olio di semi di mais, sale. Per la copertura: 40gr. di semi di papavero, 20gr. di zucchero, 100gr. di zucchero.

Procedimento: inserire nel boccale zucchero e 20gr. di semi di papavero: 30sec. Vel.turbo e mettere da parte. Inserire ora lievito, 30gr. di farina e latte: un minuto 40° Vel.3. Aggiungere la rimanente farina, l'uovo, lo zucchero tenuto da parte, il burro e il sale: un minuto e 1\2 Vel.spiga. Con l'impasto ottenuto formare 8 palline e inserire all'interno di ognuna 1\3 di ogni prugna; disporle nel *varoma* unto d'olio facendo attenzione a lasciare libere le fessure. Lasciare lievitare in luogo tiepido per 30min. circa. Lavare il boccale e inserire 600gr. d'acqua: 8min. 100° Vel.1. Posizionare il varoma: 30min. *varoma* Vel.1. Mentre cuociono i canederli posizionare sul coperchio del *varoma* un piatto da portata col burro. Terminata la cottura disporre i canederli nel piatto da portata, rigirarli nel burro fuso, cospargerli con i semi di papavero rimasti, lo zucchero e servirli caldi. I semi di papavero possono essere sostituiti con cannella in polvere.

13.1.4.20 Cremini Al Mapo

Ingredienti: X 4: 300gr. di succo di mapo (6 mapo circa), un cucchiaio di maizena, 140gr. di zucchero, 2 uova, 4 cucchiai di panna fresca, Per guarnire: un cestino di ribes o lamponi, 100gr. di panna montata fresca.

Procedimento: inserire nel boccale il succo di mapo e lo zucchero: 3min. 80° Vel.1 e mettere da parte. Inserire ora nel boccale, dal foro del coperchio con lame in movimento Vel.4, uova, maizena e il succo caldo di mapo: 3min. 80° Vel.4. Quando la crema si addenserà leggermente, incorporare la panna: 1min. Vel.4. Versare la crema in 4 coppette resistenti al calore, coprirle con carta d'alluminio e metterle nel varoma. Inserire nel boccale un lt d'acqua: 10min. 100° Vel.1. Quando l'acqua bolle posizionare il *varoma* sul coperchio e cuocere 30 minuti *varoma* Vel.1. Terminata la cottura lasciare intiepidire le coppette, poi metterle in frigo per almeno 3 ore. Decorare i cremini con il ribes o i lamponi e servirli accompagnati da panna montata fresca. Questi cremini si possono preparare anche con altri agrumi, come arance, pompelmi o mandarini.

13.1.4.21 Flan Delle Antille All'arancia

Ingredienti: 300 gr.di panna, 100 gr.di latte, 100 gr.di succo d'arancia, 150 gr.di zucchero, 60 gr.di farina di noce di cocco, scorza di 1/2 arancia non trattata (solo la parte gialla), 3 uova intere, 2-3 cucchiai di marmellata d'arancia. Per la guarnizione: panna montata, 1 arancia.

Procedimento: Inserire nel boccale zucchero e scorza d'arancia: 1 min.vel.turbo. Unire le uova intere: 2 min.vel.4. Aggiungere panna, latte, succo d'arancia: 1 min.vel.4. Unire la farina di cocco: 30 sec.vel.6. Imburrare uno stampo ad anello col foro, mettere sul fondo la marmellata e versare la preparazione. Mettere nel boccale 600 gr.di acqua: 7 min.100°C vel.2. Posizionare il *Varoma* e cuocere: 30 min.temp.*Varoma* vel.2. Togliere lo stampo, lasciarlo raffreddare e sformarlo in un piatto di portata. Guarnire tutto attorno con mezze fette d'arancia, la scorza a filetti, e mettere al centro la panna montata. E' un dolce molto delicato, buono e semplice da realizzare.

13.1.4.22 Budino Di Amaretti

Ingredienti: (per 6 persone) 500 gr.di arance non trattate, 100 gr.di amaretti secchi, 150 gr.di zucchero, 2 uova. Per guarnire: panna montata

Procedimento: Lavare le arance, disporle in un pentolino coperte d'acqua fredda e farle bollire per 5 min. Nel frattempo, inserire nel boccale gli amaretti: 8 sec.da vel.4 a vel.Turbo e metterli da parte.

Inserire ora nel boccale le arance scolate, tagliate a metà e private dei semi: 10 sec.vel.6 e 10 sec.vel.9. Aggiungere gli amaretti, 100 gr.di zucchero e le uova: 20 sec.vel.6. Con lo zucchero rimasto e 1 cucchiaino d'acqua fare il caramello, metterlo in uno stampo d'alluminio o in stampini individuali facendolo aderire bene alle pareti. Versare il composto di arance e mettere lo stampo nel Varoma. Senza lavare il boccale, inserire 1 lt.di acqua: 10 min.100°C vel.1. Quando l'acqua bolle, posizionare il *Varoma* sul boccale e cuocere: 60 min.temp.*Varoma* vel.1. Servire il budino accompagnato da panna montata oppure da panna acida o yogurt greco.

13.1.4.23 Terrina Fondente Di Cioccolato

Ingredienti: x 6: 300gr. di cioccolato fondente, 250gr. di burro, una tazzina di caffè ristretto, 100gr. di zucchero, 50gr. di farina, 100gr. di nocciole, 6 uova.

Procedimento: inserire nel boccale dal foro del coperchio con lame in movimento Vel.5 il cioccolato e 50gr. di nocciole: 10sec. Vel.5. Unire la tazzina di caffè: 4min. 40° Vel.1. Lasciare raffreddare per 2 minuti e aggiungere il burro a pezzetti e lo zucchero: 2min. Vel.3. Unire dal foro del coperchio con lame in movimento Vel.3 le uova una ad una e la farina a pioggia: 20min. 60° Vel.4. Versare il composto e le nocciole avanzate in uno stampo da plum cake. Portare ad ebollizione un lt d'acqua nel boccale: 12min. 100° Vel.1, quindi posizionare il *varoma* con lo stampo inserito e cuocere: 60min. *varoma* Vel.1. Lasciare intiepidire il dolce, sformarlo, tagliarlo a fette e servirlo con crema inglese o salse di frutta.

13.1.4.24 Creme Caramel

Ingredienti (per 4 persone) 250 gr.di latte, 1 uovo intero, 2 tuorli, 120 gr.di zucchero, 1 pizzico di vaniglia (facoltativo)

Procedimento: Versare in un pentolino 70 gr.di zucchero con un cucchiaino di acqua e farlo caramellare su fuoco basso fino al caratteristico colore biondo. Versare il caramello in 4 stampini da crème caramel, inclinarli velocemente in tutti i sensi per distribuire il caramello sulle pareti e immergerli un attimo in acqua fredda per farlo aderire alle pareti. Versare nel boccale il rimanente zucchero e tutti gli altri **ingredienti:** 40 sec.vel.4. Versare il composto negli stampini e disporli nel Varoma. Sciacquare il boccale e inserire 1/2 lt.di acqua: 6 min.100°C vel.1. Quando l'acqua bolle posizionare il *Varoma* ben chiuso e cuocere: 30 min.temp.*Varoma* vel.1. Togliere il *Varoma* dal boccale e lasciare intiepidire. Mettere poi gli stampini in frigorifero per un paio d'ore. Si servono capovolti in piattini individuali

13.1.5 Cucina esotica

13.1.5.1 Cous Cous D'agnello (Africa)

Ingredienti: x 6: una dose di cous cous (vedi ricetta nelle preparazioni di base), 800gr. di carrè d'agnello già tagliato, 12 cipolline, 400gr. di ceci lessati, 200gr. di polpa di pomodoro, 1\2 cucchiaino di harissa (pasta di peperoncino), 150gr. di foglie di verza tagliate a listarelle, 150gr. di carote tagliate a bastoncini, 2 chiodi di garofano, 100gr. d'olio, pepe, peperoncino e sale.

Procedimento: Inserire nel boccale 2 cipolline e 60gr. d'olio: 3min. 100° Vel.4. Posizionare la farfalla, unire la polpa di pomodoro, 700gr. d'acqua, ceci, peperoncino, harissa e sale: 10min. 100° Vel.1. Nel frattempo disporre nel *varoma* le costolette unte nel rimanente olio, salate e pepate. Disporre sopra l'agnello el cipolline salate e i chiodi di garofano. Nel vassoio disporre le carote e le verze separate. Quando l'acqua bolle posizionare il *varoma* sul boccale: 35min. *varoma* Vel.1. Dopo 15min. aggiungere 2 misurini d'acqua calda nel boccale e terminare la cottura. Mettere ora l'agnello e le verdure in una pirofila; il brodo con i ceci in una zuppiera, aggiustare di sale e tenere in caldo. Senza lavare il boccale preparare il cous cous. Al termine disporre il cous cous in un grande piatto da portata, mettere al centro l'agnello con intorno le verdure, alternando i colori. Irrorare con un mestolo di brodo e ceci; il rimanente presentarlo a parte lasciando che ogni commnesale si serva a piacere.

13.1.5.2 Agnello Al Vapore (Africa)

Ingredienti: x 6: 1 kg di polpa d'agnello (coscia), 6 patate medie, cumino in polvere a piacere, sale, pepe.

Procedimento: Tagliare a dadi la carne, condirla con sale, pepe, cumino, massaggiando bene i pezzi con le mani, quindi disporla nel varoma. Inserire nel boccale 1 lt d'acqua: 12min. 100° Vel.1. Nel frattempo pelare, lavare e tagliare in 4 le patate e disporle nel vassoio del varoma. Quando l'acqua bolle posizionare il *varoma* completo sul boccale: 55 minuti *varoma* Vel.1. Terminata la cottura disporre l'agnello al centro di un piatto da portata contornato dalle patate e servire.

13.1.5.3 Cous Cous Di Pollo Uvetta E Ceci (Africa)

Ingredienti: x 6: un pollo intero senza pelle tagliato a pezzetti, 300gr. di ceci lessati, 100gr. di uvette secche, una bustina e 1\2 di zafferano, un cucchiaino di cumino, 3 grosse cipolle, 250gr. di cous cous (vedi ricetta nelle preparazioni di base), 3 cucchiai d'olio, sale, pepe.

Procedimento: Preparare il cous cous e mettere da parte. Salare e pepare il pollo, insaporirlo con metà del cumino. Affettare finemente le cipolle, metterne un terzo sul fondo del varoma, appoggiarvi sopra il pollo, cospragerlo di uvetta e coprire con un altro terzo delle cipolle. Inserire nel boccale 1, 200 gr d'acqua, sciogliervi lo zafferano e il cumino rimasto, aggiungere sale e pepe, le ultime cipolle, i ceci scolati e portare ad ebollizione: 10min. 100° Vel.1. Posizionare il *varoma* completo sul boccale e cuocere: 60min. *varoma* Vel.1. Dopo 30 minuti posizionare nel *varoma* il vassoio col cus cus e continuare la cottura. Al termine disporre il cous cous in un piatto da portata formando un cono con la fontana al centro. Sistemarvi il pollo con le cipolle e le uvette. Bagnare col brodo e i ceci a cui si sarà aggiunto l'olio crudo. E' un piatto gustoso e piacevole da servire caldo col resto del brodo a parte.

13.1.5.4 Pesce Al Cartoccio (Africa)

Ingredienti: x 4: 2 orate da 400gr. l'una, una cipolla, uno spicchio d'aglio, un peperoncino piccante, un ciuffetto di prezzemolo, scorza di un limone verde, noce moscata grattugiata, 2 cucchiai d'olio, sale, pepe, 4 rettangoli di foglie di banana o carta forno.

Procedimento: Inserire nel boccale cipolla, aglio, peperoncino e prezzemolo: 10sec. Vel.5. Aggiungere scorza di limone, noce moscata, sale e pepe: 10sec. Vel.5 e mettere da parte. Senza lavare il boccale inserire un litro d'acqua e portare ad ebollizione: 10min. 100° Vel.1. Disporre un'orata già pulita e asciugata su un rettangolo di carta forno (o foglie di banana) leggermente unta, cospargerla internamente col trito aromatico, chiudere bene la carta forno formando un cartoccio e ripetere l'operazione con l'altra orata. Disporre i due cartocci nel *varoma* e quando l'acqua bolle, posizionarlo sul boccale e cuocere: 30min. *varoma* Vel.1. Servire il pesce nel suo cartoccio ancora caldo.

NOTE. Se volete potete preparare nel boccale contemporaneamente alla cottura del pesce un buon sugo per condire gli spaghetti. Se invece preferite un piatto unico, contemporaneamente al pesce, potete cuocere nel vassoio del *varoma* delle patate o altre verdure a scelta. Se utilizzate foglie di banano sarà necessario legare i cartocci con rafia o spago da cucina.

13.1.5.5 Cous Cous Dolce Con Frutta Secca (Africa)

Ingredienti: x 6: 300gr. di cous cous precotto, 50gr. di datteri, 3 fichi secchi, 50gr. di albicocche secche, 60gr. di uvetta secca, 2 cucchiai di pistacchi sgusciati e pelati, 2 cucchiai di mandorle pelate, un bicchiere di vin santo o zibibbo, 100gr. di miele, scorza di 1\2 arancia grattugiata, un pizzico di zenzero in polvere, 1\2 cucchiaino di cannella in polvere, 2 cucchiai d'olio di arachidi.

Procedimento: Inserire nel boccale pistacchi e mandorle e tritarle grossolanamente: 2sec. Vel.turbo e mettere da parte. Inserire ora datteri, albicocche e fichi secchi: 6sec. Vel.5 e mettere in una terrina con vino e uvetta per 5 minuti. Introdurre nel boccale 600gr. d'acqua: 8min. 100° Vel.1. Nel frattempo mettere il cous cous in una terrina, coprirlo con una tazza d'acqua per 5 minuti e infine sistemarlo nel varoma. Strizzare bene la frutta, conservando il liquido di macerazione, e diporla nel vassoio del varoma. Quando l'acqua bolle posizionare il *varoma* sul boccale: 10min. *varoma* Vel.1. A cottura ultimata disporre la frutta, il cous cous, i pistacchi e le mandorle tritate in una zuppiera, unire l'olio e sgranare bene con una forchetta il cous cous. Inserire nel boccale miele, scorza d'arancia, zenzero, cannella e il vino di macerazione: 5min. 70° Vel.1. Versare il tutto sopra il cous cous e la frutta, amalgamare delicatamente e servire.

13.1.5.6 Bao-Tzu – Panini Ripieni Al Vapore (Cina)

Ingredienti: x 30 pezzi (10 persone): Per l'impasto: 170gr. d'acqua, 20gr. di zucchero, un pizzico di sale, una bustina di lievito secco istantaneo, 350gr. di farina. Per il ripieno: 200gr. di funghi cinesi o Plerotus, 150gr. di maiale magro macinato, 200gr. di cavolo cinese o radicchio milanese (verde), 20gr. di salsa di soia o sesamo, 10gr. di sale, pepe.
Procedimento: Inserire nel boccale, acqua, lievito e zucchero: 1min. 50° Vel.1. Aggiungere farina e sale: 40sec. Vel.5. Lasciare lievitare l'impasto in un contenitore coperto e precedentemente unto fino al raddoppio del volume. Inserire ora nel boccale carne, sale, zucchero, salsa di soia e pepe: 20sec. Vel.2. Togliere la carne dal boccale e, senza lavarlo, posizionare la farfalla e inserire il radicchio a listarelle, sale, pepe e olio di sesamo: 3min. *varoma* Vel.1 senza misurino. Aggiungere i funghi tagliati a tocchetti: 2min. *varoma* Vel.1 senza misurino. Verificare che il liquido sia stato assorbito, aggiungere la carne e amalgamare: 30sec. Vel.1 spatolando. Prendere con le mani unte l'impasto lievitato e sgonfiarlo con la spatola. Dividerlo in 30 porzioni e da queste formare dei dischetti di 5 cm di diametro. Collocare su ogni dischetto un po' di ripieno e formate un fagottino. Inserire nel boccale 500gr. d'acqua: 10min. *varoma* Vel.1. Nel frattempo ungere il *varoma* e il vassoio di olio di semi e collocarvi i panini avendo cura di non posizionarli troppo vicini per evitare che si attacchino (eventualmente cuocerli in due volte). Quando l'acqua bolle posizionare il *varoma* e cuocere: 20min. *varoma* Vel.1. Servirli caldi accompagnati da salsa di soia. Sono molto buoni. Durante la cottura dei panini nel boccale è possibile cuocere contemporaneamente una minestra.

13.1.5.7 Ravioli Cinesi Al Pesce (Cina)

Ingredienti: X 6: Per l'impasto: 200gr. di farina, 1\4 di cubetto di lievito di birra, 150gr. d'acqua. Per il ripieno: 300gr. di gamberetti sgusciati, 80gr. d'olio di semi, un cucchiaino di dado vegetale bimby, 3 fettine sottili di zenzero fresco, 2 cucchiai di vino bianco, un cucchiaino di sale, alcune foglie di verza
Procedimento: Preparare l'impasto: inserire nel boccale acqua e lievito: 15sec. Vel.2. Unire la farina: 30sec. Vel.4 e 1min. Vel.spiga. Mettere l'impasto in una ciotola, coprirlo e lasciarlo lievitare fino a che raddoppia il volume. Preparare il ripieno: inserire nel boccale lo zenzero: 3sec. Vel.turbo. Aggiungere gamberetti, vino, sale, olio e dado: 30sec. Vel.3 e mettere da parte il ripieno ottenuto. Quando l'impasto è lievitato, fare dei rotoli di pasta, tagliarli a tocchetti (30 circa) della dimensione di una noce e stenderli in dischetti (diam 8 cm circa) e dello spessore di una sfoglia per tagliatelle. Inserire nel boccale 500gr. d'acqua: 8min. 100° Vel.1. Nel frattempo confezionare i ravioli mettendo su ogni dischetto di pasta un cucchiaino di ripieno e richiuderli a raviolo in piedi. Disporre una prate dei ravioli ottenuti nel *varoma* e una parte nel vassoio dopo averli foderati con le foglie di verza. Quando l'acqua bolle, posizionare il *varoma* completo sul boccale e cuocere: 15min. *varoma* Vel.1. Servire i ravioli con salsa di soia o salsa cinese agrodolce. Se aggiungete all'acqua nel boccale un pezzetto di sedano, carota e cipolla, otterrete un buon brodo vegetale per risotti.

13.1.5.8 Ravioli Cinesi Alla Carne (Cina)

Ingredienti: x 6: per l'impasto: una dose di pasta per ravioli cinesi (vedi ricetta precedente). Per il ripieno: 300gr. di salsiccia, 60gr. di verza, 30gr. di porro, 2 cucchiai di vino bianco, 2 cucchiaini di olio di sesamo, 3 cucchiai d'olio di semi, un cucchiaino di dado di carne bimby, alcune foglie di verza, piselli surgelati per decorare.

Procedimento: Preparare l'impasto e i dischetti di pasta seguendo le indicazioni della ricetta precedente. Preparare il ripieno: Inserire nel boccale verza e porro: 15sec. Vel.4. Aggiungere la salsiccia spellata, vino, dado, olio di sesamo e olio di semi: 20sec. Vel.3 e mettere da parte. Inserire nel boccale 500gr. d'acqua: 8min. 100° Vel.1. Nel frattempo confezionare i ravioli mettendo un cucchiaino di ripieno su ogni dischetto di pasta e chiuderli a fagottino posizionando su ognuno un pisello. Foderare *varoma* e vassoio con le foglie di verza e disporre sui due piani i ravioli. Quando l'cqua bolle posizionare il *varoma* sul boccale: 15min. *varoma* Vel.1. Servire i ravioli caldi con salsa di soia o salsa agrodolce cinese.

13.1.5.9 Pacchetti Di Riso In Foglia Di Loto (Cina)

Ingredienti: X 6: 200gr. di riso cinese, 300gr. di gamberetti grigi freschi, 2 cucchiai di salsa di soia (Shoyu), 2 cucchiai di olio di sesamo, 200gr. di pollo lesso o arrosto a pezzetti, un cipollotto, 10 foglie secche di loto, sale, pepe.

Procedimento: Mettere a bagno in acqua calda le foglie di loto per 30min. circa per ammorbidirle. Inserire nel boccale 500gr. d'acqua e sale: 6min. 100° Vel.1. Nel frattempo lavare bene i gamberetti e metterli nel cestello. Quando l'acqua bolle posizionare il cestello nel boccale e cuocere: 3min. *varoma* Vel.1. Togliere i gamberetti e metterli da parte. Aggiungere nel boccale 500gr. d'acqua: 5min. 100° Vel.1. Mettere il riso nel cestello, sciacquarlo e quando l'acqua bolle posizionare il cestello nel boccale: 5min. 100° Vel.1. Al termine trasferire il riso dal cestello al *varoma* e continuare la cottura: 5min. *varoma* Vel.1. Nel frattempo sgusciare i gamberetti e metterli in una ciotola col pollo e il cipollotto affettato. Aggiungere il riso e condire con pepe, sale, olio e salsa di soia. Sciacquare le foglie di loto, dividerle a metà, fare dei coni, introdurre in ognuno un po' di ripieno, legarli con lo spago da cucina e disporli nel varoma. Inserire nel boccale 1 lt d'acqua e portarla ad ebollizione: 10min. 100° Vel.1. Posizionare il *varoma* sul coperchio: 25min. *varoma* Vel.1. Terminata la cottura disporre i pacchetti di riso in un piatto da portata e aprirli al momento di servire.

13.1.5.10 Pollo Al Vapore In Crosta Di Riso (Cina)

Ingredienti: x 6: 1 kg di pollo tagliato a pezzi molto piccoli, 2 fette di zenzero fresco tritato, un albume sbattuto, 200gr. di riso, 300gr. di fave fresche sbucciate, sale, pepe. Per la salsa: un cucchiaio d'olio, 2 cucchiai di salsa di soia, 3 cucchiai d'acqua di cottura, un cucchiaino di dado bimby, un cucchiaio di aceto di riso, un cucchiaio e mezzo di sherry, un cucchiaio di erba cipollina tritata, 2 spicchi d'aglio schiacciati.

Procedimento: inserire il riso nel boccale: 10sec. Vel.turbo. Tostare la semola di riso ottenuta: 10min. temp *varoma* Vel.2 senza misurino e mettere da parte. Salare, pepare e distribuire lo zenzero sul pollo. Lasciare riposare 10 minuti. pAssare ogni pezzo di pollo nell'albume e poi nella semola tostata. Portare ad ebollizione 1 lt d'acqua: 10min. 100° Vel.1. Disporre il pollo nel vassoio del *varoma* e nel *varoma* le fave. Quando l'acqua bolle posizionare il *varoma* sul boccale e cuocere: 30min. *varoma* Vel.1. Conservare 3 cucchiai dell'acqua di cottura rimasta nel boccale ed eliminare l'eccedenza. Inserire nel boccale tutti gli ingredienti per la salsa: 30sec. 100° Vel.4. Disporre il pollo al centro di un piatto da portata, guarnirlo con le fave, condirlo con la salsina e servire. E' veramente buono. Potete sostituire le fave con una macedonia di verdure a vostro gusto.

13.1.5.11 Pesce Allo Zenzero (Cina)

Ingredienti: X 4: un dentice o un'orata da 800gr. circa, 1 cucchiaio e mezzo di zenzero grattugiato, sale, pepe. Per il condimento: un cipollotto, 3 fettine di zenzero fresco grattugiato, 4 funghi cinesi (shitake), un cucchiaio di sherry secco, 2 cucchiai e mezzo di salsa di soia (shoyu), 1\2 misurino d'olio e.v., 200gr. d'acqua, un cucchiaio di maizena.

Procedimento: Pulire e lavare il pesce dentro e fuori e asciugarlo bene con carta da cucina. Condirlo all'interno con sale, pepe e zenzero, disporlo nel *varoma* e lasciarlo riposare al fresco per 30 minuti. Mettere a bagno i funghi cinesi. Inserire nel boccale olio e cipollotto: 2min. 100° Vel.3. Scolare i funghi, strizzarli con le mani e scartare i gambi. Sbucciare un pezzetto di zenzero e tagliarne 3 fettine. Aggiungere nel boccale funghi e zenzero: 5sec. Vel.3 e 2min. 100° Vel.1. Unire salsa di soia, sherry, acqua e maizena: 20min. *varoma* Vel.1. Dopo 6 minuti posizionare sul boccale il *varoma* col pesce e ultimare la cottura. Al termine disporre il pesce in un piatto da portata preriscaldato e servirlo accompagnato dalla salsina. E' eccezionale.

I funghi shitake e lo shoyu si trovano in tutti i negozi di alimenti naturali e in molte erboristerie. Lo zenzero fresco si trova nei negozi di primizie, di alimenti naturali e spesso nei supermercati.

13.1.5.12 Quingzheng Yu (Cina)

Ingredienti: X 4: un'orata di 1 kg (o spigola o trota), 500gr. di funghi champignons, 100gr. di prosciutto cotto, 3 cipollotti, 3 fettine di zenzero fresco, 2 cucchiai di vino di riso o sherry, un cucchiaio di olio di arachidi o mais, 2 cucchiai di salsa di soia, 250gr. di riso (tipo maratelli), sale.

Procedimento: Squamare, eviscerare, lavare e asciugare il pesce. Affettare gli champignon, tagliare a listarelle il prosciutto e a rondelle i cipollotti. Praticare sulla superficie del pesce dei tagli obliqui, salarlo uniformemente e sistemare all'interno lo zenzero. Miscelare in una ciotola salsa di soia, vino o sherry e olio di semi e spruzzare bene il pesce sia all'interno che all'esterno. Disporre sul fondo del *varoma* metà della verdure, il prosciutto, salare e adagiarvi il pesce. Ricoprire con le verdure rimaste. Nel frattempo inserire nel boccale 1 lt d''cqua salata e posizionare il cestello: 10min. 100° Vel.1. Quando l'acqua bolle, posizionare il *varoma* sul coperchio e cuocere: 20min. *varoma* Vel.1. Togliere il varoma, inserire il riso dal foro del coperchio e riprendere la cottura: 15min. *varoma* Vel.1. Servire l'orata accompagnata dal riso cotto a vapore.

Pur raggiungendo lo stesso peso, la cottura di due pesci anziché uno, prolunga di qualche minuto i tempi di cottura. Si può sostituire allo zenzero fresco la scorza di 1\2 limone grattugiata.

13.1.5.13 Nasi Goreng (Indonesia)

Ingredienti: 250gr. di riso, 200gr. di gamberetti sgusciati, 150gr. di lonza di maiale, 3 foglie di verza, 4 cipollotti puliti, 2 uova, 90gr. d'olio di mais, 2 cucchiai di ketchup, uno spicchio d'aglio, un ciuffo di prezzemolo tritato, un pezzo di peperoncino, 3 cucchiai di brodo, salsa di soia, sale, pepe, zenzero in polvere.

Procedimento: Inserite nel boccale un cipollotto: 5sec. Vel.4. Aggiungete 1\2 misurino d'acqua e il sale: 10min. 100° Vel.1 tenendo il misurino inclinato. Unite uova, pepe e un pizzico di zenzero: 10sec. Vel.5. Versate il composto nel vassoio del *varoma* foderato con carta d'alluminio unta con un cucchiaio d'olio di mais. Nel boccale pulito mettete 750gr. d'acqua salata: 10min. 100° Vel.1. Inserite il cestello col riso e posizionate il varoma: 5min. temp *varoma* Vel.4 e 10 minuti *varoma* Vel.1. A cottura ultimata passate il riso sotto l'acqua fredda e mettetelo da parte. Staccate la frittatina aiutandovi con la spatola; arrotolatela e tagliatela a listarelle. Togliete l'acqua dal boccale, inserite i 3 cipollotti rimasti: 5sec. Vel.4. Aggiungete l'olio e l'aglio: 3min. 100° Vel.1. Togliete l'aglio e aggiungete sale, pepe, peperoncino tritato e il ketchup: 1min. 100° Vel.1. Posizionate la farfalla e unite i gamberetti: 2min. 100° Vel.1. Togliete i gamberetti dal loro sugo e metteteli da parte. nel sugo rimasto rosolate la verza e la lonza a listarelle sottili, aggiungendo anche un cucchiaio di salsa di soia: 10min. 100° Vel.1. Trasferite il tutto dal boccale in una padella capiente a fuoco medio sul gas. Aggiungete il riso e tostate mettendo, se necessario, 3 cucchiai di brodo. Completate la preparazione con la frittatina, i gamberetti e il prezzemolo. Regolate di sale e pepe e servite con salsa di soia. E' un ottimo piatto unico e si presenta molto bene.

13.1.5.14 Cartocci D'agnello (Armenia)

Ingredienti: X 4: 1, 300 kg d'agnello, 2 spicchi d'aglio, un pomodoro maturo, una cipolla, 100gr. di vino bianco secco, 90gr. d'olio, succo di 1 limone, 100gr. di formaggio feta, 1\2 cucchiaino di cannella in polvere, 1\2 cucchiaino di origano, 20gr. di burro, 20gr. di pepe nero, sale.

Procedimento: Scegliere preferibilmente la spalla d'agnello, disossarla e tagliarla a dadini di uguale dimensione. Sbucciare la cipolla e affettarla. Mettere il tutto in una ciotola ed aggiungere l'aglio tagliato a fettine, olio, succo di limone, vino bianco, cannella, origano, sale, pepe. Amalgamare bene e lasciare marinare per 4 ore a temperatura ambiente o anche più in frigorifero. Inserire nel boccale 1, 500 lt d'acqua: 15min. 100° Vel.1. Nel frattempo disporre 4 quadrati di carta forno di 40x40 e metterli sul piano di lavoro. Scolare l'agnello con tutti gli ingredienti, suddividerlo nei cartocci e completare con pomodoro, formaggio e qualche fiocchetto di burro. Bagnare con qualche cucchiaio della marinata. Chiudere bene i cartocci, adagiarli nel *varoma* e quando l'acqua bolle posizionarlo sul boccale: 60min. *varoma* Vel.1. Trascorso il tempo, aggiungere, se necessario, acqua nel boccale e continuare ancora: 30min. *varoma* Vel.1. Dieci minuti prima del termine praticare 5 o 6 fori per cartoccio con uno stuzzicadenti e ultimare la cottura. Porre direttamente il cartoccio in piatti individuali, aprirli in tavola e servirli con un contorno di verdure al vapore.

13.1.5.15 Crema Di Uova Ai Petti Di Pollo (Giappone)

Ingredienti: X 4: 4 gamberoni, 500gr. di petto di pollo a dadini, un cucchiaino di sakè, un cucchiaino di salsa di soia, 4 cucchiaini di zenzero grattugiato, un cucchiaino di dado vegetale bimby, 4 uova, 12 noci, sale.

Procedimento: Insaporire il pollo con sale, salsa di soia, sakè e porlo in una vaschetta d'alluminio da 1 lt imburrata. Tagliare i gamberoni a pezzetti, riservare la prate terminale, e unirli al pollo. Inserire nel boccale uova, zenzero, 6 noci e il dado: 20sec. Vel.4, versare tutto nella vaschetta col pollo e mescolare. Inserire nel boccale 500gr. d'acqua: 6min. 100° Vel.1. Quando l'acqua bolle, posizionare il *varoma* con la vaschetta sul boccale e cuocere: 20min. *varoma* Vel.1. Togliere la vaschetta, guarnire con i gherigli delle noci rimaste, le code dei gamberoni tenute da prate e servire.
NOTE: Le più indicate sono le noci di Ginko (nei negozi di alimentari giapponesi).

13.1.5.16 Pollo In Salsa Di Sesamo (Giappone)

Ingredienti: X 6: un pollo medio, un cucchiaio di sherry, un cucchiaio d'olio di mais, 2 cipollotti, 4 fettine di zenzero fresco, un cucchiaio di semi di sesamo, sale, pepe. Per la salsa: un cucchiaio di semi di sesamo, 2 cucchiai di pepe cinese, 1\2 cucchiaino di pasta di sesamo (tahine), 2 spicchi d'aglio, 1\2 cucchiaino di zucchero, 4 cucchai d'olio di mais, 1\2 cucchiaio d'olio di sesamo, 3 cucchiai di salsa di chili dolce, 1\2 cucchiaino di salsa di soia, 2 cucchiai di sherry, 1\4 di cucchiaino di sale.

Procedimento: Preparare la salsa: inserire nel boccale i semi di sesamo e il pepe cinese: 30sec. Vel.da 1 a turbo. Aggiungere tutti gli ingredienti per la salsa: 30sec. Vel.3 e mettere da parte in una salsiera. Tagliare il pollo in piccoli pezzi e condirlo con sale e pepe. Sistemarlo nel *varoma* distribuendo sopra e sotto il pollo, lo zenzero e i cipollotti a fettine sottili. Irrorare con lo sherry e l'olio. Portare ad ebollizione 1 lt d'acqua: 10min. 100° Vel.1. Quando l'acqua bolle pèosizionare il *varoma* e cuocere: 45min. *varoma* Vel.1. Nel frattempo tostare i semi di sesamo in una padella antiaderente. Terminata la cottura disossare il pollo, tagliarlo a bastoncini, sistemarlo nel piatto da portata e napparlo con 2 cucchiai di salsa e guarnirlo col sesamo tostato. Servire il pollo accompagnandolo con crostini di pane fritto e la salsa. E' un piatto ottimo per chi ama i sapori forti e contrastanti.

13.1.5.17 Seitan All'orientale (Giappone)

Ingredienti: x 6: 300gr. di seitan (vedi ricetta nelle preparazioni di base), una grossa cipolla, 1\2 mis d'olio di sesamo (o olio e.v.), un misurino di uvetta, 1\2 misurino di mandorle spellate, 200gr. di panna fresca, 200gr. di acqua di cottura del seitan o acqua naturale, un cucchiaio di salsa di soia (Shoyu), 3 cucchiai di curry in polvere, sale, pepe.
Procedimento: preparare il seitan come da ricetta. Tagliarlo a striscioline, cospargerlo con il curry e lasciarlo riposare. Mettere in ammollo l'uvetta in acqua tiepida. Inserire nel boccale olio e cipolla: 3min. 100° Vel.3. Posizionare la farfalla nel boccale e introdurre il seitan: 5min. 100° Vel.1. Aggiungere la panna, l'acqua di cottura del seitan, shoyu, uvetta ammollata e strizzata, mandorle, sale e pepe: 15min. *varoma* Vel.1. Servire con riso a vapore o couscous.
NOTE: il seitan, nel caso non si volesase preparare in casa, si trova in tutti i negozi di alimneti naturali nei quali sono reperibili anche lo shoyu e l'olio di sesamo.

13.1.5.18 Uova Al Vapore (Thailandia)

Ingredienti: X 4: 3 uova, 400gr. di brodo vegetale, un cucchiaino di pastra d'acciughe, 1\2 cucchiaino di succo di limone o lime, qualche rametto di coriandolo fresco o prezzemolo, uno spicchio d'aglio, 2 cucchiai d'olio, un cipollotto. Per la salsa di limone: 4 peperoncini, 1\2 misurino di succo di limone, 2 cucchiai d'acqua, 2 cucchiaini di pasta d'acciughe.
Procedimento: preparare la salsa: inserire nel boccale, dal foro del coperchio con lame in movimento Vel.6 i peperoncini: 10sec. Vel.turbo. Aggiungere il succo di limone e la pasta d'acciughe e due cucchiai d'acqua: 5sec. Vel.6. Mettere da parte la salsa e sciacquare il boccale. Inserire ora nel boccale, dal foro del coperchio con lame in movimento Vel.5, prezzemolo o coriandolo, aglio e cipollotto: 10sec. Vel.5. Riunire con la spatola gli ingredienti sul fondo del boccale e aggiungere l'olio: 2min. 100° Vel.3. Unire brodo, uova, pasta d'acciughe e limone: 5sec. Vel.6. Versare la preparazione in uno stampo d'alluminio e metterlo nel varoma. Senza lavare il boccale inserire un litro d'acqua: 10min. 100° Vel.1. Quando l'acqua bolle posizionare il *varoma* sul boccale e cuocere: 20min. *varoma* Vel.1. Servire le uova, nello stesso recipiente in cui sono state preparate, accompagnate dalla salsa di limone. Possono anche essere servite fredde.

13.1.5.19 Peperoni Farciti (Thailandia)

Ingredienti: X 4: 12 peperoni lunghi non troppo grossi, 125gr. di carne di maiale magra macinata, 125gr. di gamberetti freschi sgusciati, 2 spicchi d'aglio, un cucchiaino di semi di coriandolo, 1\2 cucchiaino di pasta d'acciughe diluita in un cucchiaino d'acqua, un cucchiaino e 1\2 di maizena. Per la rete d'uovo: 2 uova, un cucchiaino di farina, olio, sale. Per la salsa al lime: 4 peperoncini verdi piccanti, 1\2 misurino di succo di lime o limone, 2 cucchiaini di pasta d'acciughe.
Procedimento: Inserire nel boccale, dal foro del coperchio con lame in movimento Vel.8, l'aglio e i semi di coriandolo: 10sec. Vel.8. Riunire il trito con la spatola in fondo al boccale e aggiungere i gamberetti: 5sec. Vel.6. Aggiungere tutti gli altri ingredienti tranne i peperoni: 20sec. Vel.3 e mettere da parte. Versare nel boccale 500gr. d'acqua: 7min. 100° Vel.1. Nel frattempo incidere i peperoni, svuotarli dai semi, riempirli con la farcia e richiuderli. Disporre i peperoni nel *varoma* e cuocere: 20\30 minuti (a seconda della grandezza dei peperoni) temp *varoma* Vel.1. Togliere il *varoma* e lasciar raffreddare completamente. Preparare la rete d'uovo: sciacquare il boccale e inserire uova, farina e sale: 10sec. Vel.6. Scaldare un cucchiaio d'olio in una padella antiaderente, immergere le dita nell'uovo e poi lasciare cadere a filo la pastella che rimarrà attaccata sulla padella calda, ottenendo così una rete sottile di uovo cotto. Sistemare un peperone al centro della rete, avvolgergliela attorno e metterlo nel piatto da portata; proseguire con i restanti peperoni. Preparare la salsa al lime: inserire nel boccale tutti gli **ingredienti:** 20sec. Vel.4 e portare lentamente a turbo per altri 30 secondi. Servire i peperoni a temperatura ambiente irrorati con la salsa. E' una preparazione veramente raffinata.
NOTE: Si possono utilizzare anche peperoni gialli o rossi più grandi, considerandone uno a testa, ma si presentano meglio quelli piccoli.

13.1.5.20 Pollo Al Curry (India)

Ingredienti: X 6: un pollo, 4 cipolle, 50gr. di uvetta bionda, 100gr. di yogurt, un cucchiaio di maizena, un limone verde, 2 cucchiai di curry in polvere, un cucchiaio d'olio, sale, pepe.

Procedimento: Togliere la pelle al pollo. Tagliarlo a pezzi piccoli, salarlo e peparlo. Emulsionare un cucchiaino di curry con l'olio e con lo stesso massaggiare il pollo, irrorarlo con succo di limone e lasciarlo marinare per 30 minuti. Affettare finemente le cipolle e distribuirne metà nel varoma; disporvi sopra il pollo, cospargerlo con le uvette e coprirlo con le cipolle rimaste. Mettere nel boccale 600gr. d'acqua: 10min. 100° Vel.1. Posizionare il *varoma* sul boccale e cuocere: 30min. *varoma* Vel.1. Togliere il *varoma* col pollo e tenerlo al caldo. Lasciare nel boccale un misurino d'acqua di cottura, aggiungere yogurt, maizena, il curry rimasto, sale e pepe: 4min. 80° Vel.4. Trasferire il pollo con le cipolle in un piatto da portata, condirlo con la salsa e servirlo ben caldo.

14.1.1.1 Modifica Pure' (Vera)

Per il pure di patate ci vuole la farfalla perché altrimenti le lame che gira a contatto con le patate le fanno diventare collose, infatti su ogni rivista ho sempre letto di non frullare le patate. Io comunque lo faccio sempre cosi, con una piccola modifica al libro base (che mi ha consigliato la mia dimostratrice). 900 gr patate a pezzi 500 latte 50 burro 50 parmigiano e sale. Posizionare la farfalla inserire le patate il latte e cuoci per 20/25min. temp 100 Vel.1 al termine unisci il parmigiano il burro e amalgama per poco meno di 1 minuto Vel.3. Viene liscio proprio come piace a te

!!! Inoltre se durante la cottura bolle troppo abbassa la temp a 90 e poi rialza. Inoltre puoi anche aggiungere un pochino di latte in piu se ti piace più morbido e puoi anche dimezzare la dose, sempre aggiungendo un po di latte in piu.

14.1.1.2 Patate

Tagliate a pezzi cuociono 30 minuti nel varoma, mentre nel cestello bastano 15 minuti e nel *varoma* ci si può cucinare qualcos'altro, per esempio il polpettone.

14.1.1.3 Polpettine Di Patate

lessare le patate(300gr), introdurle nel Bimby –10 secondi vel.4- Aggiungere (pane grat.+prezz. e aglio-eseguito in precedenza come da ricetta bimby)-2 uova- sale- noce moscata-2 cucchiai di parmigiano o pecorino grattugiato- amalgamare il tutto per 10 secondi- velocità 3-4. Formare delle palline-passarle nel pane grat. E friggerle in olio bollente. E'un ottimo contorno! Questo composto si può spalmare anche in un rettangolo di pasta sfoglia, metterci delle fette di prosciutto cotto, farne un rotolo e cuocerlo in forno per 20 minuti.

14.1.1.4 "Pizza" Di Patate (Annarita)

Dopo aver preparato il purè, aggiungete 2 uova, una treccia battuta tritata precedentemente ed un po' di prosciutto. Oliare una teglia, cospargerla di pane grattato e versarvi sopra il composto. Mettere altro pan grattato ed olio ed infornare.

14.1.1.5 Cipolline In Agrodolce (Mary)

Ingredienti: 500 g. cipolline pulite, 50gr. scarsi di acqua, 50gr. olio, 20gr. zucchero, metà misurino di aceto, sale.

Preparazione Posizionare la farfalla e inserire le cipolle con olio acqua e sale 15min. Vel.1. 100°. Aggiungere aceto, zucchero 5min. 100° Vel.1.

14.1.1.6 Cipolline In Agrodolce

Ingredienti: 250gr. di cipolline sbucciate, 30gr. di burro morbido, 30gr. di pancetta, 2 cucchiai d'aceto, 2 cucchiai di zucchero, sale

Mettete le cipolline a bagno in acqua fredda. Inserite nel boccale la pancetta: 15 sec Vel.6. Unite il burro: 3min. 100° Vel.4. Posizionate la farfalla e unite lo zucchero, aceto, sale e le cipolline scolate: 40min. 100° Vel.1.

14.1.1.7 Cipolle Ripiene

Ingredienti: (per 4 persone) 4 grosse cipolle (1 kg.circa), 50 gr.di burro morbido, 150 gr.di polpa di manzo tritata, 1 mis.di parmigiano grattugiato, 1 uovo, pangrattato, sale, pepe e grappa q.b.

Preparazione Pulire e lessare le cipolle intere in acqua bollente e salata per 15min. Quando le cipolle si saranno raffreddate, tagliarle a metà orizzontalmente, togliere il centro a ciascuna di esse e inserirlo nel boccale: 10 sec.vel.4. Unire 30 gr.di burro: 3 min.100°C vel.2. Aggiungere carne e sale: 5 min.90°C vel.1. Lasciare raffreddare nel boccale poi unire uovo, parmigiano e pepe: 20 sec.vel.1. Amalgamare con la spatola, controllare il sale e riempire con il composto le mezze cipolle. Distribuire su ogni cipolla una spolverata di pangrattato ed un fiocchetto di burro; spruzzare con la grappa. Disporre le cipolle in una teglia imburrata e cuocere in forno preriscaldato a 180°C per 40 min.circa. Le cipolle ripiene sono ottime sia calde che fredde.

14.1.1.8 Peperonata (Fulvia)

Ingredienti: Tagliare a velo mezza cipolla metterla nel boccale con circa 30 gr di olio far andare 4min. a 100° V1 poi posizionare la farfalla, un peperone tagliato a tocchi, mezzo bicchiere di passata di pomodoro, un cucchiaio di aceto di mele, sale e pepe chiudere e far andare per 15min. a 100° V 1 aggiungere un pugno di olive verdi e terminare la cottura per 5min. a *Varoma* V1.

14.1.1.9 Peperoni Capperi E Acciughe (Marinella)

Ingredienti: 3 Peperoni, 1 cucchiaio di capperi, 4/5 filetti di acciuga sott'olio, 40gr. Di olio, un pizzico di sale, 1 spicchio d'aglio.
Preparazione Inserisco nel boccale i filetti d'acciuga, l'olio ed i capperi e soffriggo x 3min. a temp. 100 Vel.4. Dispongo poi la farfalla e verso i peperoni tagliati in pezzi non troppo piccoli, aggiungo lo spicchio d'aglio ed il pizzico di sale, cuoccio il tutto a temp. *Varoma* per 25 minuti, Vel.2. Travaso poi i peperoni (che dovranno essere un po' croccanti) in un contenitore, tolgo lo spicchio d'aglio e verso sugli stessi il sugo di cottura. Ottimi caldi e freddi.

14.1.1.10 Peperonata In Agrod-Olce Al Tonno

Ingredienti 700gr. di peperoni, un misurino d'olio, mezzo misurino d'aceto di mele, una punta di zucchero, 160gr. di tonno, prezzemolo e aglio.
Preparazione Inserite la farfalla, poi unite i peperoni, l'olio, l'aceto il sale e lozucchero: 15min. 100° Vel.1. Cuocete altri 5min. a temp varoma. Versate in una pirofila i peperoni trattenendo nel boccale il liquido di cottura e inserite aglio e prezzemolo: 5 sec Vel.5. Aggiungete il tonno: 4 sec Vel.2. Versate questo composto sui peperoni.

14.1.1.11 Peperonata (Vera)

Presa da un libro delle dimostratrici: Ingredienti 600 peperoni rossi gialli e verdi, 500 polpa di pomodoro 40 olio 1 spicchio di aglio 1 cipolla sale q.b.
Preparazione Inserire la cipolla e l'aglio nel boccale e trita pochi sec. Vel.5. Aggiungi l'olio e soffriggi 2min. 100 Vel.4 posiziona la farfalla e aggiungi i peperoni tagliati a quadratini, i pomodori il sale e cuoci 30min. 100 Vel.1.

14.1.1.12 Sformato Di Cavolfiore (Sabrina)

Ingredienti 1 dose di besciamella – 250 gr ricotta – 1 cavolfiore da circa 1 Kg. – curry – sale.
Preparazione Cuocere il cavolfiore nel *Varoma* per 20 m. Preparare una dose di besciamella secondo la ricetta base. Aggiungere la ricotta, un pizzico di curry e sale q.b. e amalgamare a Vel.3, poi inserire nel boccale il cavolfiore a pezzetti e amalgamare a Vel.3 spatolando. Versare il composto in una pirofila imburrata e far gratinare in forno per 20 min.

14.1.1.13 Cavolfiore Al Gratin (Rivista 1998)

Ingredienti 1 cavolfiore, ½ litro d'acqua, sale q.b. Per la besciamella: 250gr. Di latte, 1 mis. Scarso di farina, 50gr. Di burro, 1 pizzico di sale, una grattuggiata di noce moscata.

Preparazione Aprite il cavolfiore separando i singoli ciuffi e disponetelo nel Varoma. Inserite nel boccale l'acqua e un pizzico di sale e cuocete 20min. temp. *Varoma* Vel.2. Togliete l'acqua dal boccale e preparate la besciamella come da ricetta base. Ungete una teglia con un po' di burro, disponete i cavolfiori sul fondo, copriteli con la besciamella e fate gratinare. In forno a 180° per 15 min.

14.1.1.14 Involtini Di Verza (Rivista 1999)

Ingredienti: 600gr. Di verza, 500gr. Di patate, 80gr. Di parmigiano, 2 uova, 30gr. Di pangrattato, 40gr. Di burro, 1 ciuffo di prezzemolo, sale e pepe q.b.
Procedimento: lessate le patate e pelatele, inseritele nel boccale 40 sec. Vel.6, unite le uova, metà parmigiano, il pangrattato, il prezzemolo tritato, il sale e il pepe e amalgamate il tutto per 1min. Vel.6. Staccate le foglie più larghe della verza e sbollentatele (devono essere ammorbidite e non cotte), asciugatele con un canovaccio, allargate ogni foglia e mettete al centro di ognuna due cucchiaiate di ripieno, arrotolate ogni foglia e, premendo, ripiegate i bordi in modo da ottenere degli involtini. Imburrate una pirofila, allineatevi gli involtini e cospargeteli con il rimanente parmigiano. Infornate a 180° per 25 min.

14.1.1.15 Cavoli Affogati

Ingredienti 800gr. di cavolfiore a pezzetti, 4 acciughe, 80gr. di pecorino a pezzetti, 4 cipolline medie fresche, 80gr. d'olio, 2 misurini di vino rosso, 1 lt d'acqua, pepe, sale
Preparazione Mondate il cavolfiore e tagliatelo a fettine sottili. Inserite nel boccale pecorino, acciughe, cipolline, pepe e sale. 10 sec Vel.2. Togliete e mettete da prate. Lasciate riposare 10 minuti. Inserite l'acqua nel boccale 10min. 100° vel1. Disponete i cavolfiori nel *varoma* e posizionatelo sul boccale 45min. temp *varoma* Vel.3. A metà cottura aggiungete il vino e alla fine l'olio. A piacere sostituire i cavolfiori con i broccoletti.

14.1.1.16 Carciofi In Salsa Champignon (Telenad)

Ingredienti 4 carciofi freschi, 4/5 funghi champignon, 2 misurini latte, 2 misurini acqua, 15gr. burro, filo d'olio, 1 tuorlo, 1 cucchiaio farina, parmigiano, sale, pepe e prezzemolo tritato 1 spicchio d'aglio schiacciato
Preparazione Pulire i carciofi e metterli a bagno in acqua acidulata con succo di limone (è davvero necessario? Io l'ho letto da qualche prate...). A boccale aperto fare il giro del fondo con un filo d'olio, metterci aglio e prezzemolo Vel.1 90° 2min. poi con lame in mov. Vel.4 mettere i funghi abbassare Vel.1 90° 3min. poi inserire latte e acqua Vel.2 a *Varoma* per 30min. Posizionare il *Varoma* con i carciofi leggermente aperti a fiore. Poi togliete il *Varoma* e lasciate chiuso, intanto scaldate il forno e preparate la besciamella (liquida): aprite il boccale e raccogliete dalle pareti, sale e pepate, chiudete e con lame in mov. Aggiungere tuorlo, burro e farina Vel.2 90° 5min. Intanto aprite *Varoma* e posizionate i carciofi aperti a fiore in una pirofila poi versateci sopra tutta la besciamella riempiendoli, spolverare con parmigiano e pepe e gratinare in forno per 10/15 min.

14.1.1.17 Champignons Ripieni (Schede Bimby)

Ingredienti 700gr. di champignons, 200gr. di Philadelphia, una scatoletta di tonno da 80 g, un cucchiaio di parmigiano, pangrattato, sale, pepe.
Preparazione Lavate i funghi, staccate i gambi e metteteli su un canovaccio ad asciugare. Disponete le cappelle dei funghi su una teglia, infornate a 180° per 10 minuti fino a farle asciugare. Inserite nel boccale i gambi: 20 sec Vel.6. Con la spatola mettete il composto sul fondo del boccale, aggiungete il Philadelphia, tonno e parmigiano, sale e pepe: 20 sec Vel.5. Col composto ottenuto farcite le cappelle dei funghi, cospargete con pangrattato e fiocchetti di burro. Gratinate in forno per 15 minuti.

14.1.1.18 Carciofi Con Piselli

Ingredienti 400gr. di piselli freschi o 450 di surgelati, 4 carciofi, 40gr. di pancetta magra, 40gr. d'olio, un pezzetto di cipolla, qualche foglia di lattuga romana, 300gr. d'acqua, dado bimby, succo di un limone, sale, pepe

Preparazione Mondate i carciofi togliendo le foglie dure, tagliateli a spicchi e immergeteli in acqua acidulata con succo di limone. Inserite nel boccale pancetta e cipolla 3 colpi a Vel.turbo. Aggiungete l'olio 2min. 100° vel4. Posizionate la farfalla e aggiungete i carciofi a spicchi 3min. 100° Vel.2. Unite i piselli, lattuga, acqua e dado 20min. 100° Vel.2. Aggiustate di sale e pepe e servite.

14.1.1.19 Carciofi In Agrodolce

Ingredienti 300gr. di cuori di carciofi, 2 carote, una costa di sedano, uno spicchio d'aglio, un cucchiaio di capperi, uno spicchio di cipolla, 100gr. di olive verdi snocciolate, 50gr. d'aceto, 90gr. d'olio, 1 piz di zucchero, sale.

Preparazione Mondate i carciofi e tagliateli a spicchi. Inserite nel boccale carote, sedano, cipolla e aglio: 10 sec Vel.4. Raccogliete tutto sul fondo del boccale e unite l'olio: 5min. 100° Vel.1. Posizionate la farfalla e aggiungete i carciofi, le olive, i capperi e sale: 20min. 100° Vel.3. 5 minuti prima del termine della cottura unite, dal foro del coperchio, aceto e zucchero.

14.1.1.20 Carciofi Con Capperi E Olive (Gio)

Ingredienti 6 carciofi romaneschi, 100 gr di olive nere, 35 gr di capperi sottosale 1 spicchio di aglio, prezzemolo olio e sale. Inserire olive denocciolate, capperi, aglio e prezzemolo con lame in movimento a Vel.5 per pochi sec. **Preparazione** Condire con il composto i carciofi aggiungere sale e pepe e versare nel varoma, posizionarlo sul boccale e cuocere per 20/30min. Al termine aggiungere olio a piacere.

14.1.1.21 Melanzane Sott'olio (Rivista Bimby)

Ingredienti: 1\2 kg di melanzane, 4 misurini d'aceto, olio, aglio, peperoncino, origano, un barattolo.

Preparazione Pelate le melanzane, tagliatele a fettine sottili e sistematele in uno scolapasta formando vari strati. Cospargete ogni strato di sale grosso. Lasciatele a spurgare per 4 ore, sistemandovi sopra un peso. Sistemate le melanzane nel cestello. Inserite nel boccale 4 misurini d'acqua e l'aceto: 3min. 100° Vel.4. Lasciate scolare le melanzane per un'ora rimettendole nello scolapasta e tenendole pressate col peso. Sul fondo del barattolo inserite uno strato d'olio, uno strato di melanzane e uno strato d'aglio, peperoncino e origano. Ripetete gli strati fino ad esaurimento delle melanzane. Chiudete il barattolo dopo aver ricoperto il contenuto d'olio.

14.1.1.22 Melanzane Alla Parmigiana (Non Fritte) (Elena)

Ingredienti x 2: 2 melanzane tonde, 30\40gr. di parmigiano, sugo di pomodoro, olio, acqua, aglio e basilico.

Preparazione Mettete nel boccale aglio a pezzetti, basilico, sugo di pomodoro e acqua q.b. per permettere 20 minuti di *varoma* e avere alla fine il sugo di pomodoro per la parmigiana, che dev'essere denso: 20 minuti, temp varoma, Vel.1. Nel frattempo pelate le melanzane col pelapatate e affettatele a fette spesse un dito, pennellate ogni fetta con un misto di 2 cucchiaini d'olio (o più), 2 spicchi d'aglio schiacciati, sale e acqua q.b. posizionate le melanzane nel *varoma* e fate andare per il tempo rimanente (dovrebbe essere ca 15 minuti). Una volta cotte componete così la pirofila: uno strato di pomodoro, uno di melanzane, parmigiano, olio (facoltativo), melanzane, pomodoro, parmigiano, olio, ecc.. Infornate a 180° per 45 minuti.

14.1.1.23 Melanzane Alla Parmigiana (Dietetiche – Sara)

Ingredienti due melanzane tonde - mozzarella circa 200 - parmigiano 100g - basilico fresco in buona quantità - passata di pomodoro 1 bottiglia - 1 costa sedano - 1 carota - 1/2 cipolla - 2 spicchi d'aglio - olio sale e pepe

Preparazione Tagliare le melanzane a fette cospargerle di sale e metterle in uno scolapasta per far si che l'acqua di vegetazione esca. Inserire nel boccale la mozzarella e dare 2 colpi di turbo e mettere da parte. Inserire carota, sedano, aglio, cipolla e basilico e dare 3 colpi di turbo. Mettere ½ mis. di acqua e 30gr. di olio 5min. 90° Vel.2. Aggiungere la passata di pomodoro e il sale 15min. 100° Vel.2. Nel frattempo dopo aver passato la salagione alle melanzane asciugarle e passarle alla griglia, o anche sulla padella di ghisa e metterle da parte. Nella teglia foderata di carta da forno bagnata e strizzata mettere prima un mestolo di sugo, le melanzane ancora sugo, parmigliano come se piovesse, mozzarella tritata col Bimby ed ancora le melanzane e così via fino alla fine degli ingredienti finendo con mozzarella e parmigiano. infornare a 220° finchè non fa una bella crosticina.

14.1.1.24 Involtini Di Melanzane (Mia)

Ingredienti: melanzane grigliate, 8 pomodori pieni e maturi, una mozzarella piccola, 4 cucchiai di pangrattato, un cucchiaio di basilico tritato con uno spicchio d'aglio, 2 cucchiai di parmigiano.

Preparazione Pelate i pomodori dopo averli scottati in acqua bollente per qualche minuto, togliete i semi e schiacciate bene la polpa con una forchetta. Mescolatela al trito d'aglio e basilico, al pangrattato e alla mozzarella a dadini, Mettete il composto al centro di ogni fetta, arrtolatela e fisssatela con uno stecchino. Mettete gli involtini in una pirofila unta d'olio, cospargeteli di parmigiano e ricoprite con un foglio d'alluminio. Infornate a 180° per 20 minuti. Ovviamente tutti i triti li fai con Bimby…!

14.1.1.25 Asparagi Con Salsa Bolzanina (Trentino)

Ingredienti: (per 6 persone) 1 kg.di punte di asparagi, 1 /2 lt.di acqua, 6 uova sode, ½ mis.di aceto, 90 gr.di olio, succo di 1 limone, 1 cucchiaio di senape, 1 mazzetto di erba cipollina, sale e pepe q.b

Preparazione Inserire nel boccale l'acqua: 40 min.temp.*Varoma* vel.1. Disporre gli asparagi nel *Varoma* e posizionarlo sul boccale dopo 10min. Terminata la cottura disporre gli asparagi in un piatto da portata e lasciarli raffreddare. Inserire nel boccale gli albumi sodi: 20 sec.vel.4 e metterli da prate. Tagliare finemente con una forbice l'erba cipollina e unirla agli albumi. Inserire nel boccale tuorli sodi, olio, aceto, senape, succo di limone, sale e pepe: 4 min.vel.3. Unire gli albumi e l'erba cipollina tenuta da prate e amalgamare delicatamente: 1 min.vel.2. Versare la salsa sugli asparagi e servire.

14.1.1.26 Involtini Di Melanzane (Liliana Vr)

Ingredienti: Grigli le melanzane, le riempi con un formaggio a piacere: ricotta oppure scamorza affumicata che è molto più saporita e si scioglie un po'. Arrotoli e ricopri con speck tagliato un po' spesso (non troppo). Rimetti sulla griglia pochissimimin. in modo da far sciogliere il formaggio ma senza bruciare lo speck.

14.1.1.27 Ceci In Zimino (Donata)

Ingredienti x 6\8: 2 scatole di ceci lessati, 100gr. di cipolla, 40gr. d'olio, 8 cubetti di spinaci surgelati, 200gr. di polpa di pomodoro, parmigiano, sale.

Preparazione Inserite nel boccale olio e cipolla: 3min. 100° Vel.3. Aggiungete gli spinaci: 10min. 100° Vel.1. Mettete la farfalla e unite la polpa di pomodoro: 10min. 100° Vel.1. Unite i ceci scolati e salate: 10min. 100° Vel.1. Servite spolverizzati di parmigiano.

14.1.1.28 Carote In Insalata (Sito Americano)

Ingredienti: 500g di carote+1\2 mis di olio d'oliva+ il succo di 1 limone+ sale e pepe+ prezzemolo tritato+ qualche goccia di Tabasco (facoltativo): 30 sec Vel.3-4 spatolando.

14.1.1.29 Carote Nel Boccale (Anna To)

Ingredienti: Questa sera ho provato comunque a far cuocere le carote nel boccale in modo semplice, olio aglio soffritti (3' 100° Vel.1), poi carote a tocchetti, prezzemolo e un po' di sale (15-18' 100° vel.1). Ho controllato spesso se ci fosse bisogno di brodo, ma non ce n'è stato bisogno, ho usato la farfalla e tutto è andato a posto.

14.1.1.30 Carote Alla Luganega

Ingredienti 400gr. di carote pulite, 150gr. di luganega, 30gr. di burro morbido, 100gr. d'acqua, un cucchiaino di dado bimby, sale, pepe.
Preparazione Affettate le carote a rondelle non troppo sottili. Mettete nel boccale burro e luganega: 5min. 100° Vel.2 e mettete da prate. Posizionate la farfalla, inserite carote, acqua e dado: 10min. 100° Vel.1. Aggiungete la luganega rosolata, sale, pepe: 5min. 100° Vel.1. Servite subito. Sono ottime servite anche come condimento per un riso in bianco.

14.1.1.31 Finocchi Gratinati (Elena)

Ingredienti: Mia ricetta adattata al Bimby: **Dosi per 2/3 porzioni,** 500gr. Finocchi (2 Finocchi grossi), Prosciutto crudo a dadini ca. 60gr. (mezza fetta), 1 cipolla grossa, 2 cucchiai colmi di farina, 300gr. Latte P.S., Parmigiano, olio e sale **Preparazione** Mettere acqua nel boccale, sfogliare i carciofi e metterli nel *Varoma* Vel.1 20/25min. temp. *Varoma* Poi svuotare il boccale mettere la cipolla e tritarla, mettere il prosciutto a dadini, e con un po' d'olio Vel.1 per 3min. a 90°, dopo mettere la farina e con lame in movimento Vel.1 mettere il latte (3 misurini = 300 g) poi cuocere 7min. Vel.2/3 temp. 90° senza tappo. Preparare un pirofila iniziando con besciamella – finocchi – besciamella – parmigiano ecc.. coprire con stagnola e mettere in forno 30/45min. temp. 180°.

14.1.1.32 Fagioli In Salsa

Ingredienti: (x 6): 400gr. di fagioli freschi lessati (o in scatola), 4 acciughe, un cucchiaio di prezzemolo tritato, 2 spicchi d'aglio, 3 cucchiai d'olio, 3 cucchiai d'aceto, sale, pepe.
Preparazione Mettete nel boccale aglio e olio: 5min. 100° Vel.2. Togliete l'aglio e mettete acciughe, prezzemolo, aceto, sale, pepe: 5min. 80° Vel.2. Versate i fagioli in una terrina e conditeli con la salsa. Lasciateli riposare coperti per almeno 10 minuti prima di servirli.

14.1.1.33 Fagioli All'uccelletto (Rivista)

Ingredienti 400gr. Di fagioli cannellini già lessati (o lenticchie), 2 spicchi d'aglio, 5 foglie di salvia, 100gr. Di salsa di pomodoro (1 mis.), ½ mis. Di vino, ½ mis. Abbondante d'olio, 1 mis. D'acqua, sale e pepe q.b.
Esecuzione: Inserire dal foro del coperchio con lame in movimento a Vel.4, la salvia e l'aglio. Fermate l'apparecchio e riunite il composto con la spatola sul fondo del boccale. Aggiungete l'olio: 3min. 100° Vel.1. Aggiungete il vino e cuocete 2min. 100° Vel.1 senza il misurino affinché il vino evapori. Inserite la salsa di pomodoro, un mis. D'acqua, il sale e il pepe e cuocete 2min. 100° Vel.1. Versate i fagioli lessati o lenticchie, mescolate con la spatola e lasciate in autocottura per almeno 10min.

14.1.1.34 Pure' Di Fave Ed Erbette (Nella)

Ingredienti 400g di fave bianche (da tenere in ammollo per una notte), 400g di acqua, 1gambo di sedano, 1 cucchiaino di sale grosso, 1 cipolla bianca, 400g di erbette.
Procedimento: Fave+acqua+sedano+cipolla+sale: 30'temp.*Varoma* vel.1 e contemporaneamente cuocere le erbette nel Varoma. Poi 30"vel.7 per fare il purè con le fave cotte. Sistemare il purè e le erbette in un piatto ovale e condirle con ottimo olio pugliese.

14.1.1.35 Scorzonera All'acciuga

Ingredienti: (per 8 persone) 500 gr.di scorzonera (radici amare), 1 lt.di acqua salata e acidulata, 2 acciughe lavate e diliscate, 40 gr.di olio, 1 cucchiaio di capperi, 2 cucchiai di aceto bianco, sale q.b

Preparazione Pelare la scorzonera e tagliare a fettine la prate tenera tralasciando quella centrale più legnosa. Inserire nel boccale acqua e sale, posizionare il cestello con la scorzonera e cuocere: 20 min.100°C vel.1. Scolare, disporre la scorzonera su un piatto da portata e tenerla al caldo. Inserire nel boccale olio e acciughe: 3 min.90°C vel.4. Unire capperi e aceto: 1 min.vel.1. Versare questa salsa sulla scorzonera e servirla tiepida.

14.1.1.36 Peperoni E Melanzane Ripieni (Elena)

Ingredienti: per 2 persone 1 melanzana, 1 peperone rosso, passata di pomodoro 2 bicchieri, 1 cipolla, 1 fetta pecorino, un pezzetto parmigiano, 2 fette biscottate (o pangrattato), origano.

Preparazione Mettere nel boccale 350gr. acqua e impostare 25min. *Varoma* Vel.1, pulire il peperone e la melanzana, tagliarli a metà per il lungo e posizionarli nel *Varoma* (devono starci ca. 20min. pieni). Togliere *Varoma* svuotare boccale poi tritare la cipolla e soffriggere con appena un filo d'olio 3min. Vel.1, nel frattempo aprire *Varoma* scavare la polpa centrale delle melanzane ed inserire con lame in mov. Vel.4, lasciare insaporire altri 2min. (accendere il forno a temp. 200°) poi aggiungere la passata di pomodoro altri 5min. Vel.1 Varoma, poi aggiungere con lame in mov. Vel.4 le fette biscottate, pecorino e parmigiano, insaporire con un po' di origano, e lasciare altri 2min. temp. 100°, mettere un po' d'acqua in una pirofila posizionare i peperoni e le melanzane e riempirli con il ripieno, filo d'olio e mettere in forno per altri 15-20min.

14.1.1.37 Pomodori Ripieni

Ingredienti: (per 4 persone) 4 pomodori maturi grandi, 40 gr.di pane raffermo, 1 ciuffo di prezzemolo, 1 piccolo spicchio di aglio, 2 uova intere, 20 gr.di olio di oliva, sale e pepe q.b.

Preparazione Dopo avere lavato e asciugato i pomodori, togliere delicatamente i semi. Salarli e metterli capovolti in un piatto.
Introdurre nel boccale pane, aglio e prezzemolo: 50 sec.da vel.2 a vel.Turbo. Aggiungere uova, sale, pepe, olio e l'acqua persa dai pomodori: 10 sec.vel.4. Suddividere il composto ottenuto nei mezzi pomodori, disporli in una teglia e irrorarli con un filo di olio. Cuocere in forno preriscaldato a 180°C per 45min. Bagnare i pomodori col sugo di cottura e servirli, a piacere, caldi o freddi.

14.1.1.38 Pomodori Ripieni (Riviste 2000)

Ingredienti: 400gr. di riso, 10 grossi pomodori (estivi, da riempire), una melanzana, 10 olive nere snocciolate, uno spicchio d'aglio, 150gr. di provola affumicata, un cucchiaio di basilico tritato.

Preparazione Mettete nel boccale un litro d'acqua: 8min. 100° Vel.1. Versate il riso: 14min. 100° Vel.1. Scolatelo, raffreddatelo e tenetelo da prate. Dopo aver ben lavato i pomodori, tagliate la calotta superiore, svuotateli della polpa, tenendola a prate, salateli e capovolgeteli per far scolare l'acqua. Tagliate a dadini la melanzana. Mettete nel boccale un misurino d'olio, l'aglio e la melanzana: 6min. 100° Vel.1, aggiungete la polpa dei pomodori, un po' di basilico tritato e sale: 10min. 100° Vel.2. Unitelo al riso amalgamando bene insieme alla provola a dadini, alle olive tagliate a metà e al resto del basilico. Riempite i pomodori e metteteli in una pirofila a cuocere in forno per 15 minuti a 180°. Serviteli tiepidi.

14.1.1.39 Verdure Ripiene Senza Carne (Paola V)

Ingredienti: per 10 cipolle ed altrettante zucchine; 200gr. Prosciutto, 200 gr.mortadella, 3 uova, maggiorana, grana gratt.q.b., sale, pepe a piacere.

Preparazione Faccio bollire in acqua salata le cipolle e le zucc.per 10 min.circa.Poi le scolo, le taglio a metà, le svuoto e tengo da prate il ricavato per il ripieno.Trito il grana, il prosciutto e la mortadella, li amalgamo alle uova alla maggiorana ed al ricavato delle verdure messo da prate, aggiusto di sale e pepe.A questo punto ungo una teglia, vi dispongo le verdure, le riempio con il composto, le cospargo di pangrattato e di fiocchetti di burro.Cuociono in forno a 180°per 30/40 minuti.

14.1.1.40 Cake Al Verde (Mia Adattata)

Ingrediainti 250 ml di yogurt intero denso, 7 uova, 360gr. di farina, 2 cucchiaini di lievito in polvere per torte salate, 75gr. di burro fuso, 250gr. di piselli, 200gr. di fagiolini, 200gr. di prosciutto cotto affumicato a dadini piccoli, 2 spicchi d'aglio tritati con un cucchiaio raso di pepe verde fresco, 2 cucchiai di parmigiano, 30gr. di zucchero di canna, sale.

Preparazione Scottate le verdure per 10 minuti nel Varoma. Scolatele, asciugatele e tagliate a pezzetti i fagiolini. Mescolatele in una ciotola con aglio e pepe tritati, col formaggio e un pizzico di sale. Mettete nel boccale yogurt e zucchero: 20 sec Vel.4, unite dal foro del coperchio con lame in movimento sempre a Vel.4 le uova prima sbattute in un piatto: 10 sec Vel.4. Versate sempre con lame in movimento Vel.4 il burro, portate a Vel.6 e inserite dal foro la farina setacciata col lievito e un pizzico di sale: 30 sec Vel.6. Unite le verdure e il prosciutto: 20 sec Vel.1 per amalgamare il tutto. Imburrate e infarinate uno stampo da plum-cake e versateci il composto. Fate cuocere in forno già caldo a 180° per 45\50 minuti.

14.1.1.41 Terrina Di Verdura

Ingredienti: (x 10) 500gr. di spinaci lessati, 400gr. di zucchine, 2 carote grosse, uno scalogno, 2 albumi, 200gr. di prosciutto cotto affumicato, mezzo misurino di brodo, 20gr. di parmigiano, 50gr. di pangrattato, 50gr. d'olio, una noce di burro, alloro, noce moscata, sale, pepe

Preparazione Tagliate le carote a listarelle sottili e mettetele nel varoma. Inserite nel boccale olio, scalogno, alloro e sale: 3min. 100° Vel.4. Unite le zucchine a rondelle, il brodo e posizionate il *varoma* con le carote: 15min. temp *varoma* Vel.1. A fine cottura unite nel boccale gli spinaci: 2min. 100° Vel.2 e lasciate intiepidire. Aggiungete ora prosciutto e parmigiano, noce moscata, pepe e albumi: 15 sec Vel.5, spatolando. Unite il pangrattato: 20 sec Vel.3. Stendete 1\3 del composto sul fondo di una terrina imburrata (24x12) e allineate sopra nel senso della lunghezza, metà delle carote a listarelle. Fate un secondo strato di composto, uno di carote e terminate col composto. Coprite con un foglio di carta da forno imburrato e cuocete a bagnomaria in forno preriscaldato a 200° per 45 minuti. Fate intiepidire, sformate e servite con fonduta oppure lasciate in frigo per 12 ore e servite con maionese.

14.1.1.42 Minispiedini Con Verdure Al Vapore

Ingredienti: carne mista tipo salsiccia e tacchino circa 400 gr, verdure miste circa 350gr.

Preparazione Formare dei piccoli spiedini con gli stuzzicadenti e depositarli nel *Varoma* sopra la griglia, tagliare a fettine tutte le verdure e stenderle sul Varoma. Nel boccale inserire circa 1 litro d'acqua e puntare 35 minuti a temp. *Varoma* velocità ½.

14.1.1.43 Tortino Di Verdure

Ingredienti: (x 8) 8 carciofi, succo di un limone, uno spicchio d'aglio, 20gr. di burro morbido, 10gr. d'olio, 250gr. di cagliata (prescinsoea), 4 uova, un misurino di parmigiano, 2 rametti di maggiorana, 2 ciuffi di prezzemolo, 20gr. di pangrattato, sale, pepe.

Procedimento Pulite i carciofi, dividete ciascuno in 8 spicchi e lasciateli a bagno in acqua e limone. Inserite nel boccale prezzemolo e maggiorana: 20 sec Vel.turbo e mettete da prate. Mettete burro, aglio e olio: 3min. 100° Vel.2. Aggiungete dal foro del coperchio con lame in movimento Vel.1 carciofi, acqua, sale e pepe: 20min. 100° Vel.1. Unite cagliata, uova, il trito preparato e il parmigiano: 5 sec Vel.3. Versate il composto in una tortiera unta di 28 cm e cosparsa di pangrattato, livellate bene la superficie e irrorate con un filo d'olio. Cuocete in forno caldo a 200° per 30 minuti.

14.1.1.44 Fantasia Di Verdure

Ingredienti 700g patate, 300gr. piselli(anche surgelati), 300g dunghi porcini freschi o surgelati, 2 carote, 2 pomkodorini maturi, 1 cucchiaiocolmo di prezzemolo tritato, un pezzetto di cipolla, 1 spicchio d'aglio, 30gr. di burro 20gr. di olio, 7oog di acqua sale e pepe.

Procedimento: Mettere nel boccale l'acquae una presa di sale grosso 6' 1oo° Vel.1. Pelate lavate e tagliate a pezzi le patate. Raschiate le carote, tagliatele a bastoncini e mettete il tutto nel varoma. Quando l'acqua bolle inserite il cestello con i piselli e posizionate il *varoma* 25' temp *varoma* Vel.3-4. Durante la cottura salate la verdura nel varoma. Terminata la cottura tenete le verdure coperte; svuotate il boccale, inserite la cipolla l'aglio l'olio e il burro3' 100° Vel.4. Aggiungete i funghi i pomodori strizzati dai semi e tagliati a pezzi saleepepe 8' 100° vel1. Aggiungete il prezzemolo e i piselli, mescolate con la spatola e cuocete 3' 100° Vel.1. Terminata la cottura travasate le verdure cotte a vapore nel boccale e mescolate con la spatola, aggiustate di sale, coprite, lasciate insaporire il tutto qualche minuto a Bimby spento prima di servire. Non l'ho ancora sperimentata, ma sembra così invitante, ed è anche leggera.

14.1.1.45 Tortino Di Cipolle (Mia Adattata)

Ingredienti x 4: 4 uova, 500gr. di cipolle, 200gr. di pane raffermo, 60gr. di burro, 3 cucchiai di parmigiano, 40gr. d'olio, latte, noce moscata, pancetta a dadini e affettati misti a piacere.

Procedimento Fate ammorbidire il pane nel latte. Tritate tutti i salumi che avete a disposizione e metteteli da prate. Mettete nel boccale le uova, il formaggio, la noce moscata, sale e pepe: 10 sec Vel.5. Mettete da prate. Affettate le cipolle e stufatele con 40gr. d'olio e poco sale per 10min. 100° Vel.1. Mescolate le cipolle, il pane strizzato, 40gr. di burro fuso freddo, la pancetta, i salumi tritati e il composto di uova: 30 sec Vel.2-3. Ungete una pirofila tonda col restante burro e versate il composto. Cuocete in forno caldo a 190° per 30 minuti, fino a quando si sarà formata una crosticina dorata.

14.1.1.46 Cipolline In Agrodolce (Pina)

Ingredienti: inserisci nel boccale 50 gr d'olio, 1 spicchio d'aglio e un chiodo di garofano: 3' 100° Vel.¾. Posiziona la farfalla, 500gr. Di cipolline, sale e pepe q.b., 50gr.di aceto e 20 gr.di zucchero. Cuoci 20' 100° vel.1.

14.1.1.47 Lenticchie Con Cipolla Rossa (Puglia) (Nella)

Corso di cucina di Cecilia Vacca. Mettere 300gr. di lenticchie per 2 ore a bagno, sgocciolare e mettere nel boccale con 1200gr. di acqua: 30' 100° vel.1. A metà tempo diminuire la temperatura a 80°. Aggiungere sale q.b. Nel frattempo pulire 2 cipolle rosse di Tropea, affettarle e metterle in una coppa con acqua per 20°. A cottura ultimata, sistemare le lenticchie in una coppa, condirle con ottimo e saporito olio d'oliva e coprirle con le cipolle sgocciolate e pangrattato

14.1.1.48 Verza All'indonesiana (Riviste 2000)

Ingredienti: 400gr. di lonza di maiale, un cavolo verza, uno spicchio d'aglio, pepe, sale, 2 uova, una cipolla, 100gr. d'olio.

Procedimento Sfogliate la verza, lavatela e tagliatela a listarelle e portatela a mezza cottura in una pentola con acqua salata. Scolatela e ponetela in una terrina. Tagliate la carne a cubetti e tenetela da prate. Inserite cipolla, olio e aglio nel boccale: 3min. 100° Vel.4, mettete la farfalla, unite la carne, salate, pepate: 10min. 100°vel 1. Aggiungete la verza, un misurino d'acqua: 20min. 100° Vel.1. In una terrina sbattete le uova quel tanto che basta per unire i tuorli agli albumi. A fine cottura versate il contenuto nella terrina di portata amalgamando tutto velocemente.

14.1.1.49 Crudità Di Carote Al Tonno (Rosanna To)

Ingredienti: 600gr. di carote, 100gr. di tonno, succo di ½ limone, 1 uovo, 1 cucchiaio di senape, 1 pizzico di sale e pepe.
Procedimento: inserire tonno, senape, uovo, sale, pepe, succo di limone e 1 mis. d'olio nel boccale. Introdurre il cestello e chiudere con il coperchio. Frullare a Vel.5 per 20 sec. Versare a filo dal foro del coperchio con il mis. inserito altri 2 mis d'olio aumentando la Vel.a 8 per 30 sec. Versare in una salsiera e tenere da parte. Raschiare le carote, lavarle e tagliarle a pezzi di 5/6 cm. Metterle nel boccale (non c'è bisogno di lavarlo) tritare a Vel.3 per 10-15 sec. Presentare le carote in un piatto con la salsa al centro.

14.1.1.50 Tortino All'uovo, Patate E Funghi (Schede 2000)

Ingredienti: X 4: 5 uova, 150gr. di patate a dadini, 200gr. di champignon puliti e affettati, uno spicchio d'aglio, 2 ciuffetti di prezzemolo, 1\2 misurino di latte, 1\2 misurino d'olio, un cucchiaio di farina, un misurino di parmigiano, sale.
Procedimento Friggete i dadini di patate in una padella, fateli asciugar esu un foglio di carta assorbente con un trito di rosmarino, aglio e sale. Mettete da prate. Buttate dall'alto nel boccale il prezzemolo: 5 sec Vel.7, poi mettete da prate. Senza lavare il boccale inserite a Vel.7 l'aglio, fermate e aggiungete l'olio: 3min. 100° Vel.3. Trifolate i funghi come da ricettario base e versate la preparazione in un colino e lasciate intiepidire. Mettete ora nel boccale le uova, la farina, il parmigiano, sale e mescolate: 30 sec Vel.5. Aggiungete le patate e i funghi trifolati, mescolate delicatamente con la spatola e versate il composto nel vassoio del *varoma* foderato di carta forno. Potete aggiungere anche patate e carote a fettine. Salate e pepate nel varoma. Intanto nel boccale potete preparare il brodo o semplicemente mettere 1 lt d'acqua: 30min. *varoma* Vel.2. Questo tortino si può servire come antipasto freddo tagliato a losanghe o caldo, come secondo piatto, a pezzettoni.

14.1.1.51 Patate Strascicate (Rivista 2000)

Ingredienti: 500gr. di patate, 500gr. di cipolle, 2 spicchi d'aglio, un pezzo di peperoncino, 60gr. d'olio, sale, pepe.
Procedimento Pelate e tagliate a tocchetti le patate. Passatele sotto l'acqua corrente e mettetele nel cestello. Inserite il cestello nel boccale dopo aver messo un litro d'acqua e un pizzico di sale: 15min. 100° Vel.1. Nel boccale pulito tritate le cipolle: Vel.4-6 con lame in movimento. Inserite la farfalla. Unite l'olio, l'aglio e le patate insaporite con una presa di sale e una spolverata di pepe macinato al momento. Aggiungete il peperoncino e cuocete 10min. 100° Vel.1. Versate in un piatto da portata preriscaldato e servite.

14.1.1.52 Asparagi Con Zabaione Salato (Riviste 2000)

Ingredienti: 500gr. di asparagi freschi, 4 tuorli, sale, un bicchiere di vino bianco secco, 40gr. di burro.
Procedimento Spezzettate ogni asparago con le due mani tenendolo per le estremità, il punto in cui si rompe naturalmente divide la prate tenera da quella fibrosa. Dopo averli lavati disponeteli nel varoma. Nel boccale mettete un lt d'acqua e sale, meglio ancora sarebbe preparare nel boccale il dado vegetale contemporaneamente alla cottura degli asparagi. Nell'una o nell'altra maniera cuocete 30min. *varoma* Vel.2. Terminata la cottura togliete il *varoma* e lasciatelo chiuso. Terminate di preparare il dado vegetale. Liberate il boccale, sciacquatelo e preparate uno zabaione con tuorli, burro, vino e sale: 5min. 70° Vel.4. Disponete gli asparagi su un piatto da portata e serviteli con lo zabaione salato.

14.1.1.53 Piccolo Flan Di Verza Con Fonduta (Riviste 2000)

Ingredienti: il flan: 400gr. di cavolo verza, una cipolla, 1\2 di panna, 30gr. di burro, 3 uova, basilico, alloro, prezzemolo. **Per la fonduta**: 100gr. di fontina, 20gr. di maizena, 2 misurini di latte, pepe bianco.

Procedimento Pulite la verza, eliminate le foglie esterne più dure e il torsolo, lavatela e sgocciolatela. Nel boccale inserite burro e cipolla: 3min. 100° Vel.4, le foglie della verza e tritatele 10 sec Vel.5 spatolando. Insaporitela con sale, pepe e una foglia d'alloro. Fate stufare le verze 20min. 100° Vel.1 aggiungendo, se necessario, poco brodo, poi fate raffreddare. Togliete ora l'alloro e frullate le verze con qualche foglia di basilico e una manciata di prezzemolo, la panna e le uova: 10 sec Vel.5. Imburrate delle formine da timballo, riempitele con l'impasto e cuocetele a bagnomaria in forno a 170° per un'ora. Servite in piattini individuali cospargendo con la fonduta. Per la fonduta: inserite nel boccale la fontina: 4 sec Vel.5, unite il latte, la maizena e il pepe bianco: 4min. 80° Vel.4.

14.1.1.54 Sformato Di Fagiolini E Patate (Riviste 2000)

Ingredienti: 600gr. di patate gialle, 500gr. di fagiolini teneri, 100gr. di prosciutto cotto, 100gr. di Asiago, 2 uova, 2 scalogni (o uno spicchio d'aglio e una cipollina), 40gr. di burro, 20gr. d'olio, maggiorana, 3 cucchiai di pangrattato, un lt d'acqua, sale, pepe.

Procedimento Inserite nel boccale la farfalla: mettete l'acqua e mezzo cucchiaino di sale grosso: 8min. a *varoma* Vel.1. Mondate i fagiolini e lavateli. Sbucciate le patate e tagliatele a fette alte. Quando l'acqua bolle aggiungete i fagiolini nel boccale. Nel *varoma* mettete le patate, insaporitele con sale e magiorana: 20min. *varoma* Vel.1. Terminata la cottura scolate i fagiolini e tenete le patate nel varoma. Inserite nel boccale lo scalogno con lame in movimento a Vel.5. Spegnete e aggiungete 20gr. di burro e 20gr. d'olio: 7min. 90° Vel.1. Aggiungete i fagiolini, meno una piccola prate che servirà per guarnire, e rosolate per 2min. 90° Vel.1. Unite le uova e mescolate con la spatola. Imburrate uno stampo a ciambella di 22 cm di diametro e spolverizzatelo con pangrattato. Adagiate sul fondo dello stampo metà delle fette di patate. Aggiungete il composto di fagiolini, l'asiago a fette e coprite tutto col prosciutto. Mettete le altre patate, spolverizzate con parmigiano e riccioli di burro. Infornate a 200° per 20\25 minuti e dorate qualche minuto sotto il grill. Lasciate riposare qualche minuto, sformate tenendo la prate con le patate in superficie. Inserite i cornetti al centro e servite.

14.1.1.55 Verdure Al Varoma (Miriam)

Ingredienti: Le faccio così. Taglio a dadini due patate due carote due zucchine e le cipolle a pezzi grossi. Riempio a metà il boccale di acqua (o di minestrone) e metto sopra il *varoma* con dentro disposte tutte le verdure (Sopra quelle che cuociono più in fretta) Dopo una ventina di minuti a Vel.1 temperatura *varoma* controllo le cotture. Quando sono cotte passo le verdure in un contenitore, asciugo molto bene il boccale e inserisco un mazzetto di prezzemolo (solo foglie) 3-4 foglie di salvia, 4 grissini rubatà o un panino secco tagliato a pezzetti per 30 sec a Vel.turbo. Il composto ottenuto lo verso sulle verdure e finisco con un filo d'olio.

14.1.1.56 Patate Salmonate (Rivista 2000)

Ingredienti: 400gr. di salmone affettato sottilmente (come per carpaccio), 4 patate medie, 2 rametti di maggiorana, un'acciuga, timo e basilico, mezzo spicchio d'aglio, prezzemolo tritato, un pizzico di peperoncino, sale, 50gr. d'olio.

Procedimento Sbucciate e lavate le patate, affettatele sottilmente e mettetele man mano in acqua fredda. Inserite nel boccale 700gr. d'acqua salata, sistemate le patate nel *varoma* e cuocete 10 minuti a temp varoma. Sistematele in un piatto da portata e conditele con olio e sale, adagiatevi poi sopra le fette di salmone. Nel boccale inserite le erbe aromatiche lavate e asciugate, l'acciuga, l'olio, il succo di un limone, l'aglio, il peperoncino, sale: 20 sec da Vel.3 a 9. Versate questa emulsione sulle patate e salmone decorate con fettine di limone e qualche fogliolina di prezzemolo. Fate riposare in frigo e toglietele 10 minuti prima di servire.

14.1.1.57 Patate Povere (Da Un Sito Spagnolo)

Ingredienti: una cipolla, 800gr. di patate, 100gr. d'olio
Procedimento Scaldare l'olio: 3min. 100° Vel.1, aggiungere la cipolla: 5 sec Vel.4 e cuocere 5min. 100° Vel.1. Posizionare la farfalla e aggiungere dall'alto, senza fermare l'apparecchio, le patate affettate: 20min. 100° Vel.1.

14.1.1.58 Peperonata (Ilaria)

Ingredienti: Soffriggo una cipolla o uno scalogno con un po' di olio e poca acqua per 3min. Vel.4 temp. 100°. Aggiungo 500gr. di passata di pomodoro, 3 peperoni a listarelle, 1 dado vegetale e 2 bicchieri d'acqua. Cuocio per 20min. a Vel.1 temp. 90° misurino inclinato e poi altri 5/6min. a temp. *Varoma* senza misurino. Se è ancora liquida cuoci fino a 10min. Volendo aggiungi delle patate a dadini.

14.1.1.59 Cavolini Alla Luxembourg (Annamaria Cs)

Ingredienti. 1/2 Kg.cavolini di Bruxelles - 200 g. pomodori pelati - 60 g.burro - 100 g.prosciutto cotto - 1/4 latte 50 g. parmigiano - 30 g. farina - pangrattato - limone - noce moscata - sale e pepe.
Procedimento Pulire i cavolini privandoli dalle foglie esterne e immergerli in acqua acidulata con succo di limone e lessarli 15 m.vel.1 temp.100.Preparare una besciamella seguendo il libro base ma dimezzando le dosi.ungere una pirofila e adagiarvi i cavolini coprirli con le fette di prosciutto e coprire il tutto con la besciamella. Schiacciare con una forchetta i pomodori pelati e salarli leggermente. Distribuire la salsa sulla besciamella, spelverizzare di parmigiano e pangrattato, completare con fiocchetti di burro e infornare per gratinare.Io li faccio spesso e li facevo anche prima senza bimby.

14.1.1.60 Zucchine Ripiene

Ingredienti: per 6 persone. Tagliare 800gr. di zucchine a pezzi di 7 cm poi a metà nel senso della lunghezza e scavare un po'conservando la polpa tolta. Scottare le barchette ottenute in acqua salata per 2'. Inserire nel boccale 1/2 mis di olio+1ci pollina: 3'100°vel.3. Unire la polpa delle zucchine: 5'100°vel.3. Dal foro a vel.4 inserire un ciuffo di prezzemolo, 1 spicchio di aglio, 50g di prosciutto cotto, 1/2 mis di parmigiano grattugiato 1 cucchiaio di pangrattato e 1 uovo. Lavorare spatolando 5" vel.4. Unire 150g di carne trita, sale e pepe: 5"vel.6 spatolando. Riempire le zucchine con il ripieno, disporle in una pirofila unta e cuocerle in forno caldo a 180° per 30' circa. **NOTA** con lo stesso ripieno si possono riempire peperoni o melanzane.

14.1.1.61 Caponata Di Carciofi E Patate Al Varoma (Esecuzione Di Anna Maria Tenzone)

Ingredienti: 500gr. di cuori di carciofo, 400gr. di polpa pronta di pomodoro, 1 cipolla, 1 cuore di sedano, 100gr. di olive nere, 30gr. di capperi, 30gr. di pinoli, 1\2 mis. Di olio, 1\2 mis. Di aceto, 500gr. di patate pasta gialla, sale, pepe e zucchero q. b.
Esecuzione: Inserire nel boccale cipolla e sedano e tritare per 10 sec. a Vel.3-4. Aggiungere le olive, i capperi e l'olio: 3min. 100° Vel.1. Inserire la farfalla e aggiungere i carciofi tagliati a spicchi ed i pomodori. Aggiungere l'aceto, il sale, zucchero e pepe e cuocere per 20min. *VAROMA* Vel.1. Disporre sul boccale il *varoma* con le patate tagliate a fettine sottili. Presentate la caponatina di carciofi guarnita con i pinoli ed il prezzemolo, adagiata sulle patate cotte a varoma.

14.1.1.62 Caponata Siciliana (Da Adattare)

Ingredienti: 4 melanzane Tunisine (per intenderci quelle ovali nere) 200 gr di olive verdi, 50 gr di capperi di Pantelleria (quelli salati), 2 grossi gambi di sedano, 1 mestolo di salsa di pomodoro, 2 grosse cipolle tagliate a fette sottili, 1 bicchiere di aceto, 1 cucchiaio di zucchero, qualche foglia di basilico, olio **Procedimento:** Tagliata a dadetti le melanzane e mettetele in una ciotola con acqua salata per 2 ore circa. Pulite il sedano e sbollentatelo in acqua salata per 5min. Mettete in una ciotola i capperi con acqua calda per togliere il sale e scolateli dopo qualche minuto. In una grossa padella mettete la cipolla con un po' d'olio, assieme ai capperi ed alle olive tagliate a pezzetti. Aggiungete la salsa se l'avete pronta, oppure pelate quattro pomodori maturi, privateli dei semi e tagliateli a pezzetti. Mescolate con una paletta di legno e spegnete il fuoco quando si sarà formata una salsetta densa. In un'altra padella fate friggere le melanzane strizzate accuratamente. Nello stesso olio fate friggere i gambi di sedano tagliati a tocchetti. Mettete le melanzane ed i sedani fritti nella padella con la salsa, mescolate bene e fate amalgamare i sapori per 5 minuti sul fuoco basso. Cospargere con lo zucchero, versare l'aceto e dopo qualche minuto spegnete il fuoco e coprire con il coperchio. La caponata è più buona fredda, servita in una ciotola di terracotta e guarnita con foglie di basilico.

14.1.1.63 Crocchette Di Patate (Chiara Lo)

Ingredienti: ho cotto le patate nel microonde, le ho messe nel bimby con 1 cucchiaio di parmigiano grattuggiato, poco sale 1 uovo e 1 cucchiaio di pan grattato. Ho frullato (vel 3 o 4, a occhio) risulta un po' colloso. Quando sono fredde o tiepide fai delle palline o cilindretti come preferisci e passale nel pan grattato e friggi in olio.

14.1.1.64 Pure' Ai Tre Ortaggi (Patrizia)

Ingredienti: un sedano rapa, 2 finocchi, una patata, 2 cucchiai di parmigiano, 30g di burro, 3dl di latte, noce moscata, sale, pepe.
Procedimento: Pelare il sedano rapa e la patata, pulire i finocchi, lavare e tagliare il tutto a pezzetti. Mettere nel boccale il burro, un pò di sale, noce moscata, 2 min.100° vel.1. Unire gli ortaggi, il latte tiepido, 20min. 100° vel.1. Attendere qualche minuto, portare lentamente a Vel.4 30sec. Trasferire il purè sul piatto da portata, cospargerlo con le barbe dei finocchi tritate, il parmigiano e il pepe.

14.1.1.65 Carote All'aceto Balsamico (Allen)

Ingredienti: 250gr. di carote a tocchetti 1 cucchiaio di aceto balsamico 1 cucchiaio di buon olio d'oliva 4 rametti di prezzemolo sale e pepe
Procedimento: Mettere tutti gli ingredienti assieme e spatolando per tenere le carote sulle lame portare gradualmente la velocità a 4 per 30". Servire

14.1.1.66 Caponata Di Carciofi (Gina)

Ingredienti: 1 cipollina, 1 cuore di sedano, 30 gr di capperi, 30 gr di pinoli, 100 gr di olive verdi, 500 gr di carciofi puliti e tagliati a fettine, 400 gr di pomodori pelati, ½ mis di aceto, 2 cucch di zucchero, sale **Procedimento:** Inserire nel boccale la cipollina e il cuore di sedano: 5 sec Vel.4. Fare il soffritto con 50 gr di olio 3min. 100° Vel.1. Posizionare la farfalla, aggiungere i pinoli, le olive, i capperi, i carciofi e i pelati: 20min. *Varoma* Vel.1. Alla fine della cottura regolare il sale, poi unire l'aceto, lo zucchero e far sfumare per 2min. *Varoma* Vel.1

14.1.1.67 Pure' Di Carote

Ingredienti: 600 g. carote, 2 cucchiai di panna da cucina, 450 g. acqua, sale, pepe noce moscata a piacere, un trito di prezzemolo o cerfoglio

Procedimento: Adattata da 'la mia cucina con bimby' mod. 3300. Inserire nel boccale le carote a pezzi e tritarle grossolanamente con qualche colpo tasto turbo. Trasferirle nel cestello, mettere nel boccale l'acqua con il sale, e cuocere per 25min. 100° Vel.4. Al termine della cottura, dopo aver verificato che le carote siano ben cotte, buttare via l'acqua inserire la farfalla e mettere le carote nel boccale aggiungere panna sale pepe e montare per 25 sec. Vel.2/3. servire cosparso di prezzemolo tritato o cerfoglio.

14.1.1.68 Sformatini Di Melanzana (Voi Noi Bimby…)

Ingredienti 700gr. di melanzane, 350gr. di pelati, 50gr. di cipolla, 40gr. di parmigiano, 30gr. di latte, 50gr. di olio di oliva, 50gr. di burro, qualche foglia di basilico, sale e pepe q.b., 3 fette di pancarrè, 2 uova, 1 pizzico di origano.

Preparazione Sbucciate le melanzane, tagliate 6 fette rotonde e le rimanenti a dadini. Mettetele tutte in un colapasta, salatele e lasciate che scolino. Bagnate il pancarrè nel latte, fate soffriggere nel boccale la cipolla con 30gr. di olio: 3min. 100° vel.1. Lavate sotto l'acqua corrente le melanzane a dadini, strizzatele, aggiungetele al soffritto e insaporite: 4min. 100° Vel.1. Unite sale, pepe, origano e il pancarrè ben strizzato. Frullate tutto: 20 sec., Vel.5-6. Aggiungete le uova, il parmigiano e amalgamate: 20 sec., Vel.3. Mettete da parte. In una padella antiaderente friggete con il rimanente olio le melanzane a fette e sgocciolatele su carta assorbente; imburrate e riempite con il composto preparato 6 stampini da sformato (o stampini per crème caramel), quindi coprite il fondo di ogni stampino con una delle fette di melanzana. Sistemate gli stampi nel Varoma, versate nel boccale 500gr. di acqua con un pizzico di sale, posizionate il *Varoma* e cuocete: 30min. temp. *Varoma* Vel.1. Mettete da parte gli sformatini. A boccale pulito, preparate la salsa di pomodori; sciogliete il burro: 3min. 90° Vel.1, unite la dadolata di pomodoro, sale, pepe e lasciate cuocere: 10min. 100° Vel.1. Sformate dagli stampi gli sformatini adagiandoli su un piatto da portata, contornate con la salsa preparata e decorate con foglie di basilico

14.1.1.69 Carote Alla Panna (Voi Noi Bimby…)

Ingredienti 500gr. di carote, 60gr. di burro, 1 confezione piccola di panna, 1 pizzico di cannella in polvere, prezzemolo tritato, sale q.b.

Preparazione Raschiate e lavate bene le carote. Inserite nel boccale 400gr. di acqua e 1 pizzico di sale. Adagiate le carote nel *Varoma* e cuocete 20min. temp. *Varoma* Vel.3. A cottura ultimata tagliate le carote a rondelle non troppo sottili. Nel boccale vuoto inserite il burro: 3min. 100° Vel.1. Inserite la farfalla sulle lame, aggiungete la panna, le carote e il sale: 5min. 100° Vel.1. A fine cottura adagiate le carote in una pirofila, aromatizzate con una spolverata di cannella e cospargete con una manciata di prezzemolo finemente tritato.

14.1.1.70 Crema Di Carote

Ingredienti: 500gr. di carote, 1 cipolla, 2 spicchi d'aglio, olio, prezzemolo tritato, 1 mis. di acqua, sale q.b.

Procedimento: Pulite e tagliate a rondelle le carote. Inserite nel boccale aglio e cipolla affettati e l'olio e fate soffriggere 3min. 100° Vel.1. Aggiungete le carote e continuate la cottura 5min. 100° Vel.1. Unite l'acqua e cuocete ancora 15min. 100° Vel.1. Infine omogeneizzate il tutto a Vel.Turbo per 20 sec. Aggiungete il prezzemolo tritato e aggiustate di sale. La crema di carote è ottima come contorno

14.1.1.71 Carciofi Ripieni A Varoma (Voi Noi Bimby…)

Dose per 4 persone: 6-7 carciofi, 40gr. di parmigiano, 30gr. di pecorino, 1 uovo, 1 spicchio di aglio, 50gr. di olio, 1 mazzolino di prezzemolo, 500gr. di acqua, 1 limone, sale e pepe q.b. .

Preparazione Pulite bene i carciofi, tenendo solo la parte più tenera; tagliatene una parte di punta e praticate un taglio a croce sul fondo. Metteteli a bagno in acqua acidula (con l'aggiunta di limone) per circa 30min. Nel boccale grattugiate i formaggi: 30 sec. Vel.Turbo e tenete da parte. Grattugiate il prezzemolo e l'aglio: 10 sec. Vel.5 con lame in movimento, poi unitelo ai formaggi. Amalgamate l'uovo, il prezzemolo e i formaggi nel boccale: 20 sec. Vel.3-4. Riempite i carciofi con questo composto, aprendoli bene per facilitare l'inserimento del ripieno. Adagiateli nel *Varoma* e irrorateli con metà dell'olio. Nel boccale versate l'acqua, il sale e una fetta di limone; posizionate il *Varoma* e cuocete: 40min. circa, temp. Varoma, Vel.1. Condite i carciofi con il rimanente olio di oliva e serviteli caldi.

14.1.1.72 Finocchi Al Gratin

Dose per 4 persone: 3 finocchi (1 kg. circa), 100gr. di prosciutto cotto, 150gr. di fontina, 3 uova, 150gr. di panna fresca, 30gr. di burro, 30gr. di olio di oliva, 1 scalogno, noce moscata, sale, 800gr. di acqua

Preparazione Mondate i finocchi, tagliateli a spicchi piuttosto alti, lavateli accuratamente e sistemateli nel Varoma. Mettete nel boccale 800gr. di acqua: 7min. temp. *Varoma* Vel.1. Posizionate il *Varoma* sul coperchio, salate e cuocete 20min. temp. *Varoma* Vel.1-2. Terminata la cottura imburrate una pirofila e sistematevi i finocchi. Svuotate il boccale e fate un soffritto con lo scalogno e l'olio: 3min. 100° Vel.4. Insaporite i finocchi con il soffritto. Inserite nel boccale il prosciutto e la fontina: due colpi di Turbo. Aggiungete la panna, le uova, il sale e la noce moscata: 5 sec. Vel.3. Versate il composto sui finocchi e gratinate in forno caldo a 200° per una decina di minuti.

14.1.1.73 Purè Di Patate Con Carote Gratinate

Ingredienti 500gr. di patate, 450gr. di carote, 40gr. di grana grattugiato, 50gr. di burro, 1 uovo, 2 cucchiai di panna acida, 1/2 cucchiaino di senape in polvere, sale e pepe q.b

Preparazione Pelate le patate, lavatele e tagliatele in 4 spicchi ciascuna. Spuntate e pelate le carote, lavatele e tagliatele a pezzi. Inserite nel boccale 400gr. di acqua e 1 pizzico di sale. Disponete patate e carote nel *Varoma* e cuocete: 25min. temp. *Varoma* Vel.3. A fine cottura buttate l'acqua e inserite nel boccale la metà del burro, la panna acida e la senape e mescolate 3 sec. Vel.4. Aggiungete le carote, le patate e l'uovo e fate amalgamare il tutto 2min. Vel.4. Travasate il tutto in una pirofila leggermente imburrata, cospargete con il grana grattugiato e il burro rimasto e fate gratinare a grill oppure in forno caldo per qualche minuto fino a doratura. Servite caldo

14.1.1.74 Patate Salmonate

Ingredienti 400gr. di salmone (tagliato sottilissimo per carpaccio), 4 patate medie, 2 rametti di maggiorana, 1 acciuga, timo e basilico, mezzo spicchio di aglio, prezzemolo tritato, 1 pizzico di peperoncino piccante, sale q.b., 50gr. di olio di oliva extravergine, succo di 1 limone.

Preparazione Sbucciate e lavate le patate, tagliatele a fette sottilissime, mentre le tagliate mettetele direttamente in acqua fredda per evitare che anneriscano. Inserite nel boccale 700gr. di acqua con un pizzico di slae, mettete le patate nel cestello e cuocere per 10min. 100°. Sistematele in un piatto di portata e conditele con olio e sale e adagiatevi sopra le fette di salmone. Nel boccale inserite le erbe aromatiche, lavate e asciugate, l'acciuga, l'olio, il succo di limone, l'aglio, il peperoncino e sale: 20 sec. da Vel.3 a 9. Versate questa emulsione sulle patate e salmone, decorate con fettine di limone e qualche foglia di przzemolo. Fate riposare in frigorifero e toglietele 10 minuti prima di servire in tavola.

14.1.1.75 Palline Di Broccoli Gratinate

Ingredienti 800gr. di broccoletti, 1/2 mis. di olio di oliva, 1 spicchio d'aglio, 1 uovo intero, 20gr. di parmigiano grattugiato, sale e pepe q.b.. Per la besciamella: 500gr. di latte, 50gr. di farina, 30gr. di burro, 1/2 cucchiaino di sale, 1 pizzico di noce moscata.

Preparazione Mondate elavate i broccoletti; inserite nel boccale 1 litro di acqua e sale. Portate ad ebollizione: 8min. 100° Vel.1. Inserite i broccoletti e fateli lessare 15min. 100° Vel.1. Scolateli bene. Inserite nel boccale l'olio e l'aglio e fate soffriggere 3min. 100° Vel.1. Aggiungete i broccoletti, salate e paepate e cuocete 10min. 100° Vel.1. Sbattete leggermente l'uovo con il parmigiano ed inseritelo nel boccale: mescolate 10 sec. Vel.6. Raccogliete il composto con il mestolino e formate tante palline che disporrete su un piatto da forno. Preparate la besciamella inserendo tutti gli ingredienti nel boccale: 7min. 90° Vel.4. Versate la besciamella sulle palline e gratinatele in forno già caldo a 200° per almeno 25 minuti.

14.1.1.76 Insalata Saporita Di Finocchi E Champignons

Ingredienti: per 4 persone: 2 finocchi (600gr. circa), 300gr. di champignons, 1 limone, 1 cucchiaino di senape dolce, salsa Worcester, 3 cucchiai di olio, 2 cucchiai di brandy, sale e pepe.

Procedimento: Pulite i funghi e lasciateli a bagno con acqua e il succo di 1/2 limone. Mondate i finocchi, tagliateli a rondelle partendo dalla base e lavateli. Immergeteli poi in una ciotola con acqua e l'altra metà del limone. Mettete nel boccale 700gr. di acqua: 7min. temp. *Varoma* Vel.2. Aggiungete i finocchi scolati nel *Varoma* e posizionatelo sul coperchio; salate leggermente e cuocete per 10min. temp. *Varoma* Vel.2. Tagliate i funghi a fettine sottili e metteteli nel vassoio; sistemate il vassoio nel *Varoma* e cuocete il tutto per circa 7min. temp. *Varoma* Vel.2. Terminata la cottura travasate le verdure su un piatto da portata, sistemando al centro i funghi e tutt'intorno i finocchi. Svuotate il boccale. Mettete l'olio, il brandy, un pizzico di sale, la senape e una spruzzata di Worcester: Vel.3 per 5 sec. Condite le verdure con la salsa e servite a piacere con ua macinata di pepe. NOTA: Questa insalata è ottima anche servita fredda con spicchi di uova sode o come contorno al carpaccio

14.1.1.77 Funghi Ripieni

ingredienti. 500gr. di champignon grandi 1 uovo 1 fetta di pane raffermo o una rosetta 40gr. di parmigiano 10gr. di funghi porcini secchi 1 spicchio di aglio qualche foglia di basilici un cucchiaio di prezzemolo tritato 50 gr di olio di oliva sale e pepe q.b.

Preparazione Pulire i funghi e scavare le cappelle conservando i gambi. Nel boccale ben asciutto preparare il gratin, con pane, parmigiano, funghi secchi, basilico, aglio, prezzemolo, gambi dei funghi, 20gr. d'olio, sale e pepe: 40 sec. vel.6/7. Aggiungere l'uovo: 15 sec. Vel.3/4. e amalgamare bene. Riempire con questo composto le cappelle e sistemarle nel varoma. Cuocere 20min. a *varoma* Vel.1. (questa riceta è stata fatta ponendo il *varoma* sull'arrosto al marsala, posizionandolo ovviamente dopo 20 minuti dall'inizio della cottura della carne)

14.1.1.78 Patate Novelle Al Pecorino

ingredienti X 6: 24 patate novelle piccole, anche surgelate, 100gr. di pecorino sardo grattugiato, 10 olive nere di Gaeta snocciolate, 2 cucchiai di capperi, un cucchiaio di foglie di timo fresche, due cucchiaini di origano secco, 10 foglie di basilico, un cipollotto (facoltativo), succo di 1\2 limone, 80gr. d'olio, pepe nero macinato fresco.

Procedimento: Lavare le patate, se fresche, e metterle nel varoma. Inserire nel boccale capperi, olive, basilico e timo: 10 sec Vel.4. Aggiungere succo di limone, origano, olio e pepe: 10 sec Vel.5 e mettere da prate. Senza lavare il boccale mettere un litro d'acqua e portare ad ebollizione: 10min. 100° Vel.1. Quando l'acqua bolle posizionare il varoma: 25min. *varoma* Vel.1. A cottura ultimata tagliare in 4 le patate e sistemarle in un piatto da portata, ricoprirle col pecorino, condirle con la salsina preparata, pepe macinato fresco e servire con i filetti di merluzzo, o altro pesce, cotti contemporaneamente nel vassoio del Varoma.

14.1.1.79 Cipolle Al Ripieno Di Zucchine (Calen 2003)

Ingredienti: 10 cipolle bianche, 4 zucchine medie, 100 gr di prosciutto crudo in una sola fetta, 50 gr di parmigiano gratt, 1 uovo, 1 mazzolino di prezzemolo, 1 di maggiorana, 1 cucchiaio di pane gratt.

Procedimento: pulire e lavare le cipolle, metterle nel Varoma. Inserire nel boccale 1 litro di acqua e sale: 8' 100° vel1. Posizionare il *Varoma* con le cipolle e cuocere 10' temp. *Varoma* vel1. Lasciar raffreddare le cipolle. Pulire il boccale e inserire le zucchine, tritare: 20" Vel.5 e 20" Vel.3. Togliere il composto ottenuto e strizzarlo con un canovaccio per togliere l'acqua. Rimatterlo nel boccale e aggiungere il formaggio, il pane e le erbe aromatiche: 30" Vel.5-7. Unire il prosciutto tagliato a dadini piccoli e l'uovo, amalgamare: 10" Vel.3. Sfogliare delicatamente le cipolle (oppure tagliate a metà) togliere il ciore e riepirlo con il composto. Metterle in una pirofila o teglia, oliata e cuocere in forno caldo a 180-200° per circa 15-20min. Servire le cipolle ripiene sia calde che fredde, irrorate con olio extrav e una spolverata di parmigiano.

14.1.1.80 Tortino Di Patate (Sara)

Ingredienti: 500g patate - latte p.s. quanto basta - burro 50g - 50g parmigiano/grana - 2 tuorli d'uovo. una presa di noce moscata – sale

Procedimento: Nel boccale mettere acqua fino a copertura del gruppo coltelli 7min. 100° Vel.1. Mondare le patate e tagliarle a rondelle, metterle nel Varoma. Quando l'acqua bolle, posizionare il *Varoma* 20 min.temperatura *Varoma* Vel.2. Togliere l'acqua, inserire il burro 1min. 50° Vel.1. Aggiungere le patate 3 min.100° Vel.3. Aggiungere ½ mis. di latte, i due tuorli d'uovo, il parmigiano e la noce moscata proseguire la lavorazione ancora per 2 minuti. Quando è tutto amalgamato versarlo in una teglia foderata di carta da forno bagnata e strizzata oppure unta di burro e spolverata di pangrattato. Livellare bene il composto e infornare a grill finchè sopra non scurisce. Va servito caldo servendosi di un cucchiaio.

14.1.1.81 Cestini Di Ceci E Cicoria (Calen 2003)

Ingredienti: 2 cespi di cicoria (catalogna), 300 gr di ceci sgocciolati, 2-3 cucchiai del loro liquido, 1 spicchio d'aglio, prezzemolo q.b., 50 gr di parmigiano, 3 acciughe, 20 gr di olio extravergine d'oliva, per il soffritto, 20 gr di olio extrav d'oliva, 1 pezzetto di peperoncino, 9 pomodorini ciliegia

Procedimento: pulire la cicoria, spuntarla nel gambo e lavarla. inserire nel boccale il parmigiano e il prezzemolo: 20 " da Vel.3 a turbo. aggiungere i ceci, l'olio, il liquido di governo e il sale: Vel.3-8 spatolando e mettere da parte. Senza lavare il boccale inserire l'olio, le acciughe, l'aglio e il peperoncino: 2' a 100° Vel.3. Aggiungere 100 gr di acqua e posizionare il *varoma* con la cicoria adagiata senza romperla e cuocere 15' a *Varoma* vel2. Formare dei cestini usando 4 foglie di cicoria (si otterranno 9 cestini) e sistemare nel centro la purea di ceci e decorare con i pomodorini. Oliare una pirofila e sistemarvi i cestini di cicoria. irrorare con il sughetto, spolverizare a piacere il parmigiano, pane grattuggiato e gratinare in forno per pochi minuti.

14.1.1.82 Tortino Di Carote

Ingredienti 400 g. carote, 400 g. zucchine, 150 g. formaggio (emmenthal o fontina), 12 fettine pancetta tesa, 2 uova, 4 cucchiai parmigiano, scalogno, 30 g. burro, noce moscata, 50 g. latte, sale, pepe

preparazione inserire le carote a pezzi nel cestello e le zucchine sempre e pezzi nel varoma, mettere acqua nel boccale a coprire le lame. sistemare il cestello nel boccale chiuderlo e metterVi sopra il *varoma* cuocere per 15min. Vel.4 temp. varoma. Togliere il tutto e mettere nel boccale 30 g. di burro e le verdure farle stufare 5min. 90° vel.1 quindi unire il parmigiano, le uova, sale pepe e noce moscata, mescolare qualche secondo a Vel.1. Sistemare il composto in 6 stampini imburrati sistemare la pancetta(2 fettine incrociate in ogni stampino), riempiteli con il composto di verdure e infornateli a 180° per 40min. Intanto soffriggere con il di burro 1 scalogno 3min. Vel.3 100°, unire il formaggio e il latte e sciogliere per 20 sec. 40° Vel.3.

14.1.1.83 Bietole Con Patate

Ingredienti: Olio, aglio, un bel mazzetto di bietola, tre patate medie, dado, un bicchiere di acqua, tre cucchiai di aceto balsamico.

Procedimento: Inserire nel boccale l'olio (quanto normalmente uno ne usa per fare un soffritto) e uno o due spicchi di aglio (a seconda dei gusti). Fare soffriggere per 5 minuti Vel.1 temp. 100°. Togliere l'aglio, posizionare la farfalla ed aggiungere, alternando, la bietolina e le patate tagliate a tocchetti non troppo piccoli. Versarci un bicchere (di carta) di acqua, un pò di dado e fare cuocere per 25 minuti circa a temp. 100° Vel.1 (io verifico la cottura assaggiando, ci potrebbe volere più tempo). A fine cottura aggiungerci l'aceto balsamico e mantecare per un minuto circa.

14.1.1.84 Zucchinee Ripiene Con Patate (Sara)

ricetta tramandata da 2 generazioni presa a suo tempo da un ottimo libro di cucina

Ingredienti 7 Zucchine – sale – pepe – olio ex. v. d'oliva – una scatola grande di tonno al naturale anche sott'olio va bene purché sia sgocciolato (scatola da 160g lordo e 112g sgocciolato) – pomodoro sammarzano maturo spellato e nettato dei semi e dell'acqua di vegetazione (oppure anche un pomodoro pelato nel barattolo) – 3 uova – noce moscata – prezzemolo – pangrattato qb – parmiginano a piacere – un cucchiaio di panna da cucina

Procedimento Tagliare a metà le zucchine per il senso della lunghezza e scavarle con un cucchiaino evitando di scavarle anche sulle estremità. Tenere da parte l'interno di 3 zucchine – disporre le zucchine in una larga teglia con carta da forno senza sovrapporle salarle e bagnarle con un filo d'olio. Nel Bimby mettere il tonno il sammarzano l'interno delle zucchine messe da parte, la panna, sale pepe noce moscata il prezzemolo il parmigiano mandare per 2min a Vel.progressiva da 1 a 4 quindi aggiungere pangrattato ma non troppo perché il ripieno deve rimanere non troppo sodo miscelare di nuovo a Vel.3 finché non ha un aspetto abbastanza omogeneo. Si è può anche provare con un po' di pane raffermo bagnato e strizzato nel latte probabilmente viene meglio. Quindi versare un cucchiaio di ripieno in ogni zucchina livellandolo. Quando il ripieno è terminato infornare nel 2° ripiano (partendo dal basso) del forno caldo a 180° finché le zucchine, punzecchiate con uno stecchino, non risultano cotte! Ottima variante con i peperoni, anche questa da non perdere:

Tenere a bagno un panino nel latte. Tritare il prezzemolo, se asciutto è meglio, con lame in mov. a Vel.7 Aggiungere tutti gli altri ingredienti, compreso il pane ammollato, Vel.Turbo per 3 secondi. Secondo il nostro parere basta un uovo grande o due piccole. Con la panna il parmigiano va bene perché le rende più delicate. Mettere il pecorino se si vogliono più gustose. Gli ingredienti vanno dosati secondo la grandezza delle zucchine. Se c'è del ripieno in più tagliare a metà un pomodoro oppure un peperone come indica sarab74)

14.1.1.85 Carciofi Ripieni Golosi (Sara)

Ingredienti: due persone - 4 carciofi teneri - un etto di prosciutto cotto - quattro sottilette - due uova intere - 50/100g di parmigiano/grana sale pepe nocemoscata olio

Preparazione capare i carciofi facendo attenzione a togliere tutte le foglie esterne più dure e la parte più interna. tagliarli alla base di modo che possano restare in piedi agevolmente e metterli in acqua e limone con i gambi nettati della parte esterna. nel bimby frullare il prosciutto cotto le sottilette il parmigiano la noce moscata poco sale e le uova per 20 sec a Vel.4/5 il composto deve risultare abbastanza denso da poter essere messo all'interno dei carciofi senza che coli. scolare i carciofi, aprirli, salarli poco internamente ed esternamente riempirli fino all'orlo con il ripieno e metterli in una pentola con dell'olio tutti attaccati in piedi e con i loro gambi lì vicino. appena si sente sfrigolare aggiungere tanta acqua quanta ne serve per coprire il carciofo MA NON IL RIPIENO insomma il ripieno deve stare fuori dall'acqua. coperchiare e cuocere coperto a fuoco basso finchè l'acqua non si è completamente ritirata. mi piaccono moltissimo e sono buoni anche riscaldati il giorno dopo.

(Suggeriamo di aggiungere al ripieno la parte tenera dei gambi del carciofo, il ripieno acquista molto. E' sufficiente un uovo ed eventualmente un goccio di latte per renderlo morbido)

14.1.1.86 Tortino Di Broccoletti (Annamaria)

Ingredienti: dosi per 4 persone: gr. 600 di broccoletti, 1 scalogno, gr. 40 di burro, sale q. b., 4 uova, ¼ di panna fresca, alcune gocce di tabasco, noce moscata q. b., sale q, b., gr. 40 di mandorle a lamelle.
Preparazione. Fare un soffritto con il burro e lo scalogno 3 m. 100° Vel.4. Posizionare la farfalla aggiungere i brocoletti divisi a cimette e insaporire per 6/7 m. 100° Vel.1 Preparare ora il composto mettendo nel boccale le uova, la panna il tabasco, il sale e la noce moscata e amalgamare il tutto Vel.. 4 /5 per pochi secondi. Mettere i broccoletti in una teglia che poi andrà in tavola precedentemente imburrata e versare il composto d'uova sui broccoli. Disseminare sul tortino le mandorle e infornare a 200° per 30/40 minuti finchè la miscela d' uova si sarà ben rappresa
Mariella: vorrei dare un piccolo suggerimento secondo me conviene amalgamare il composto di uova panna ecc ecc prima della cottura dei broccoli per evitare che il composto si possa iniziare a rapprendere dal momento che il boccale è caldo

14.1.1.87 Palle Di Neve

Ingredienti: 500gr. di spinaci, 500gr. di ricotta, un uovo, sale, noce moscata, 40gr. di parmigiano 100gr. di fontina, 100gr. di prosciutto cotto. Gli spinaci si possono cuocere con il *Varoma* con circa 600gr. di acqua salata per 20min. vel, 2 Vanno strizzati molto bene. Anche la ricotta deve perdere del liquido.
Preparazione. Mettere nel boccale fontina e prosciutto cotto, dare un colpo di Turbo e metterne da parte poco più della metà, la rimanenza lasciarla nel boccale. Aggiungere tutti gli altri ingredienti 6 sec. vel.6. Aiutandosi con spatola e un cucchiaio formare delle palle e passarle nel pangrattato disporle in una teglia imburrata abbastanza ravvicinate. Come da L.B., fare la besciamella viene di un colore verdastro, se volete la besciamella bianca(Palle di neve) lavare il boccale. Versare la besciamella sulle palle di neve e mettere in forno a 200° per circa 20 min

14.1.1.88 Finocchi Al Varoma

Ingredienti 3-4 finocchi, 250 ml di panna da cucina (non fresca, quella piu' densa), 4 cucchiai di parmigiano grattugiato, origano e prezzemolo tritati, pane grattugiato, olio
Preparazione Tagliare i 4-5 spicchi i finocchi e disporli nel varoma. Mettere nel boccale 600 ml di acqua, 2 cucchiai di aceto e un pizzico di sale. Posizionare il *varoma* e cuocere per 30 minuti a Varoma, Vel.2. Togliere il *varoma* e l'acqua dal boccale, lavando e quindi facendo intiepidire. Preriscaldate forno combinato grill a 190°. Mettere i finocchi in una teglia leggermente unta di olio. Mettere nel boccale la panna, il parmigiano, le erbe aromatiche e un po' di sale, amalgamare 10 sec Vel.3. Distribuire il composto sui finocchi, spolverizzare di pane grattugiato e passare un filo di olio. Far dorare in forno per 15 minuti. (abbiamo aggiunto 50gr. di latte per rendere più morbido il composto)

14.1.1.89 Peperoni Trifolati

Ingredienti 1) 1 fetta di pane biscottato-30gr di parmiggiano-2filetti di acciughe-1cucchiaio di capperi - (10 olive nere snocciolate)-maggiorana- origano- 2) 30 gr olio-1spicchio d'aglio- 2 peperoni tagliati a striscioline.
Preparazione Fare un trito con i primi ingredienti (1) a Vel.10" e mettere da parte. inserire nel boccalee olio ed aglio e soffriggere per 3' a 100° e Vel.1, posizionare la farfalla sui coltelli, unire i peperoni cotti nel *Varoma* ed insaporire per 5' a 100° e Vel.. 1. al termne toglierli dal boccale e condirli con il trito preparato precedentemente.

14.1.1.90 Carciofi All'acqua Pazza

Ingredienti 4 carciofi, 4 cipollotti, 8 pomodori ciliegia, 1 spicchio d'aglio, 50gr. olio extravergine, 50 gr. vino bianco, 80 grammi acqua, 1 cucchiaio di dado Bimby, 1 limone, prezzemolo tritato, sale e pepe quanto basta.

Preparazione Pulite i carciofi e metteteli a bagno in acqua e limone per circa 30 minuti. Pulite e lavate i cipollotti, tenendo solo la parte bianca. Fate soffriggere nel boccale 30gr. olio, peperoncino: , aglio: 1 minuto, 90° vel.4. Inserite la farfatta, unite i carciofi (io li ho tagliati in 4 o 6 parti, dipende dalla grandezza del carciofo), i cipollotti, (ho messo la stessa quantità dei carciofi: 300gr. carciofi, 300gr. cipollotti), i pomodorini, il vino: 1min. 100° vel.1. senza misurino. Versate l'acqua calda e il dado, sale e pepe q.b. cuocere 30 minuti 100° vel.1. (per la cottura dipende dal tipo di carciofo). A fine cottura cospargete di prezzemolo tritato, irrorate con il rimanente olio e servite.

14.1.1.91 Polpettone Di Patate E Fagiolini

Ingredienti: Kg. 1 di patate, gr. 300 di fagiolini, 4 uova, gr. 30 di parmigiano, 20gr. di formaggio pecorino, gr. 30 di burro, maggiorana noce moscata sale q.b. come salsa d'accompagnamento qualche cucchiaio di pesto.

Procedimento pulire le verdure, inserire nel boccale i formaggi e grattugiarli a Vel.8 per 30-40 sec. o più se necessario, togliere dal boccale i formaggi grattugiati e metterli da parte introdurre 1 litro di acqua 7min. vel, 1 temp. varoma. Nel frattempo mettere nel *varoma* le patate tagliate a tocchetti lavare molto bene 2 uova ed inserire anche queste nel varoma. Inserire invece nel cestello i fagiolini a tempo scaduto inserire nel boccale posizionare sul coperchio il *varoma* e far andare il bimby per 30min. temp. *varoma* Vel.4. Al termine della cottura togliere il cestello con i fagiolini togliere l'acqua e inserire le patate le uova i formaggi grattugiati, burro, sale le spezie aiutandosi con la spatola far andare a Vel.5/6 per circa 30 secondi fino ad ottenere un purè aggiungere una parte del fagiolini e far andare il bimby ancora per qualche secondo. Nel frattempo rivestite di carta forno, bagnata e strizzata per bene, uno stampo da plum cake e sistemare sul fondo i fagiolini, la metà del purè, le uova rassodate e tagliate a spicchi, e finire con il purè. Porre in forno caldo a 200° per circa 30 minuti. far intiepidire il polpettone e servirlo accompagnato dal pesto diluito con un pò d'acqua.

14.1.1.92 Carciofi Con Piselli

Ingredienti: 4: 4 carciofi, 400gr. piselli freschi o 450gr. piselli surgelati, 40gr. pancetta magra, 40 olio oliva, 1 pezzetto di cipolla, qualche foglia di lattuga romana, 300gr. acqua, 1 dado Bimby, succo di 1 limone, sale e pepe.

Procedimento Pulire i carciofi, tagliarli in 4 e lasciarli in acqua e limone. Inserire nel boccale la cipolla e la pancetta e dare 3 colpi a Vel.Turbo. Aggiungere l'olio: 2min. 100° Vel.4. posizionare la farfalla e aggiungere i carciofi a spicchi: 3min. 100° Vel.2. Unire i piselli (se surgelati lasciarli per pochi secondi sotto l'acqua calda), lattuga, acqua e dado: 20min. 100° Vel.2. Aggiustare di sale e pepe e servire. **NOTE**: al posto dei carciofi freschi, fuori stagione si possono usare anche quelli surgelati e al posto dei piselli si possono utilizzare le fave. Il tempo di cottura varia a seconda della grandezza delle fave

Siamo Arrivati Alla Conclusione

Ci Complimentiamo Con Te Per Aver Scelto Questo Libretto !

Sei Rimasto Soddisfatto ? Allora Ti invitiamo a Lasciare

Un FeedBack Positivo a 5 Stelle !

Grazie Di Cuore :)

All rights reserved - The following Book is reproduced below with the goal of providing information that is as accurate and reliable as possible. Regardless, purchasing this Book can be seen as consent to the fact that both the publisher and the author of this book are in no way experts on the topics discussed within and that any recommendations or suggestions that are made herein are for entertainment purposes only. Professionals should be consulted as needed prior to undertaking any of the action endorsed herein.

This declaration is deemed fair and valid by both the American Bar Association and the Committee of Publishers Association and is legally binding throughout the United States. The information in the following pages is broadly considered a truthful and accurate account of facts and as such, any inattention, use, or misuse of the information in question by the reader will render any resulting actions solely under their purview. There are no scenarios in which the publisher or the original author of this work can be in any fashion deemed liable for any hardship or damages that may befall them after undertaking information described herein.

Additionally, the information in the following pages is intended only for informational purposes and should thus be thought of as universal. As befitting its nature, it is presented without assurance regarding its prolonged validity or interim quality. Trademarks that are mentioned are done without written consent and can in no way be considered an endorsement from the trademark holder.

DISCLAIMER

ALL RIGHTS RESERVED. This book contains material protected under International and Federal Copyright Laws and Treaties. Any unauthorized reprint or use of this material is prohibited. No part of this book may be reproduced or transmitted in any form or by any means, electronic or mechanical, including photocopying, recording, or by any information storage and retrieval system without express written permission from the author/publisher.

The author is not a licensed practitioner, physician, or medical professional and offers no medical diagnoses, treatments, suggestions, or counseling. The information presented herein has not been evaluated by the U.S. Food and Drug Administration, and it is not intended to diagnose, treat, cure, or prevent any disease. Full medical clearance from a licensed physician should be obtained before beginning or modifying any diet, exercise, or lifestyle program, and physicians should be informed of all nutritional changes.

The author/owner claims no responsibility to any person or entity for any liability, loss, or damage caused or alleged to be caused directly or indirectly as a result of the use, application, or interpretation of the information presented herein.

CPSIA information can be obtained
at www.ICGtesting.com
Printed in the USA
LVHW061025070621
689455LV00003B/484